［法国］卡特琳娜·加缪　马塞尔·马哈瑟拉 ———— 著

郭宏安 ———— 译

# 孤独与团结

## 阿尔贝·加缪影像集

译林出版社

图书在版编目（CIP）数据

孤独与团结：阿尔贝·加缪影像集／（法）卡特琳娜·加缪，（法）马塞尔·马哈瑟拉著；郭宏安译．—南京：译林出版社，2020.2（2024.1 重印）
ISBN 978-7-5447-7470-3

Ⅰ.①孤…　Ⅱ.①卡…　②马…　③郭…　Ⅲ.①加缪（Camus, Albert 1913–1960）–生平事迹　Ⅳ.①K835.655.6

中国版本图书馆 CIP 数据核字（2018）第 171493 号



著作权合同登记号　图字：10-2019-579 号

**孤独与团结：阿尔贝·加缪影像集　［法国］卡特琳娜·加缪　马塞尔·马哈瑟拉／著　郭宏安／译**

责任编辑　宋　旸　张海波
特约编辑　陈秋实
装帧设计　崔晓晋
校　　对　孙玉兰
责任印制　董　虎

原文出版　Editions Michel Lafon，2009
出版发行　译林出版社
地　　址　南京市湖南路 1 号 A 楼
邮　　箱　yilin@yilin.com
网　　址　www.yilin.com
市场热线　025-86633278
排　　版　南京展望文化发展有限公司
印　　刷　南京爱德印刷有限公司
开　　本　889 毫米 ×1194 毫米　1/12
印　　张　17
插　　页　4
版　　次　2020 年 2 月第 1 版
印　　次　2024 年 1 月第 4 次印刷
书　　号　ISBN 978-7-5447-7470-3
定　　价　198.00 元

# *Albert Camus*

*Solitaire et Solidaire*

目录

# 序 言

我把手放在心上，
你星星般的笑染上了血，
在抖动，裂成冰冷的七片。
——雅克 · 普雷维尔，《破碎的镜子》

阿尔贝·加缪不是父亲的代名词，但是，我的父亲是阿尔贝·加缪。在这个抽象的、有些眩晕的空间的中心，我寻找一种能够说服人的合法性，为的是呈现一本重现一个生命的摄影集。

事情的本身是虚幻的：生命是变化，怀疑，矛盾。生命是热烈的。生命就是生命。一张照片在给定的时间里、在上了光的纸上固定了一个生命的四分之一秒钟。然后，我们中的每一个人都能体验到，时间的顺序根本不考虑存在：在成年的时候，人们完全可能暂时地找回童年的无忧无虑和欢笑。

生命是变化，我爱我自由的父亲。我并不拥有关于加缪的真理。一个作家和他的作品活着，仅仅是因为它们对着别人说话，我尊重所有那些对人和作品感兴趣的女人和男人的观点。

甚至有人给我以启示、以安慰，我特别想到了雅克琳·列维—瓦朗齐：

“……他向我们呈现的神话，远非一些美丽的谎言，出卖真实，这些神话揭示了人类处境的深刻真理、世界的美、人的痛苦、他们的孤独、他们对生命的热爱，有时是他们对幸福之绝望的追求和他们的兄弟之情。”

当雅克琳·列维—瓦朗齐写这番话的时候，她谈论的是作家，而我重见了我的父亲，重见了他教给我的东西。在他身边生活的十四年中，他为我打开了使我能够生活和继续生活的道路。今天仍然如此，我觉得生活是残酷的，但也是难以想象地丰富和美好。他使我学会观察。

我和许多人（还有我的父亲）一起分享这种特权。我很幸福。我整理他的作品已经三十年了，我从世界各地收到几千封信。无论是什么文明、文化或者涉及的主题，这些信都有一个共同点：对加缪的兄弟般的爱。我想说他引起的关注不仅仅是精神上的，人们从中发现了某种与友谊一样本能的、无私的、直接的东西。这来源于他从不离开他人。

他写道："没有人能够平静地死去，如果他不做使别人能够活着的一切的话。" 他常常独自一人反对各种形式的压迫。这种压迫可以是国家的，这很容易认出，但它也可能存在于时代的氛围中："存在着恐怖，因为人类的价值被轻蔑和效率的价值所取代。自由的意志被统治的意志所取代。人们不再有理性了，因为人们有为己的公正和慷慨：人们有理性，因为人们成功了。" 追逐成功使人把别人当作手段。我的父亲和那些人在一起，所有的那些人，人数最多的那些人，他们每天都兢兢业业地做着他们该做的事情。不知其名。

于是，想到那些认识或不认识加缪的人，我不顾矛盾，我接受了困难和不完美，我赞成了事情的相对性，我试图，在马塞尔·马哈瑟拉的可贵的帮助下，用照片按时间顺序重现他的生活。

最后，我的孩子，我的孙子，我的侄子，我的侄孙女，没有见过他。为了他们，我愿意历数所有的形象。为了重现他的笑、他的随意和他的宽容，为了重现这个赋予我生命的亲切、热情的人。为了展现阿尔贝·加缪是"众生中的一人，他试图在众生中尽力为人"，像塞弗林·加斯帕里写的那样。

**卡特琳娜·加缪**

如同在大教堂里，那些没有性别的声音一下子冲上最高的穹顶，合唱队的卑微大众为了使教堂的尖顶具有更大的价值而默不作声，如同那些声音，其恳求绝望地、毫不动摇地扩散，直至最终的死亡，如同那些神秘的声音，它们陶醉于神秘性，忘记了使他们与上帝隔开的穹顶，如同那些固执和不变的、贪婪和狂喜的声音，如同那些傲慢的哀叹，人们只能在宗教的感觉中才能理解，最后，如同那些声音，它们不是在寻找中而是在奉献中才能找到自己，我梦想着生活。

第一稿，《摩尔人之家》

# 起源 1913—1936

“这样，每一个艺术家便在他的内心深处保留着唯一的泉水，在其一生中滋润着他之所是和他之所说。[……] 对于我，我知道我的泉水在《反与正》之中，在这个交织着贫穷与光明的世界之中，我曾经长期地生活在这个世界之中……”

《反与正》，序言

## “首先，贫穷对我来说从来不是一种不幸：光明在其中播撒着它的财富……”

首先，贫穷对我来说从来不是一种不幸：光明在其中播撒着它的财富，甚至我的反抗也被照亮了。我认为我可以真诚地说，我的反抗几乎总是为了所有人的反抗，为了所有人的生活在光明中提高。我不能肯定我的心适应于这种爱，但是环境帮助了我。为了打破一种自然的冷漠，我被置于苦难和阳光之间。苦难使我不能认为阳光下和历史中一切都是好的，阳光告诉我历史并不就是一切。改变生活，是的，但是不要改变赋予我神性的世界。

《反与正》，序言

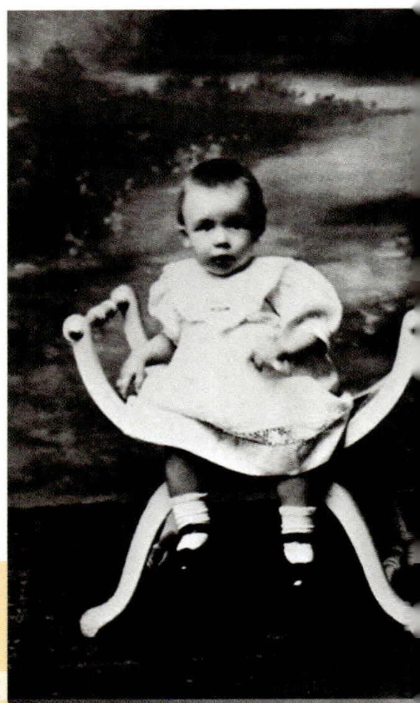
2

1

3

“[……]他必须独自学习，独自长大，在力量上，在能力上，独自发现他的道德和真理，终于成长为男子汉，然后更加严酷地再诞生一次，也就是面对他人……”

《第一个人》

“事实上没有人教过这孩子什么是对，什么是错。[……]在道德方面，雅克唯一能够看到和体验到的，只不过是这个家庭的日常生活[……]”

《第一个人》

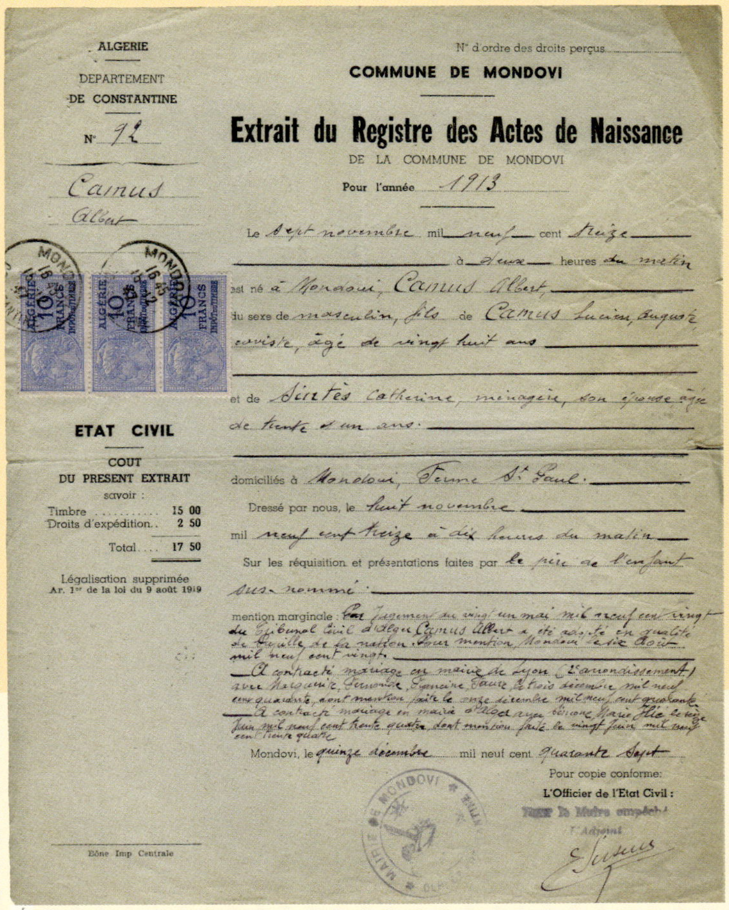

ALGERIE

DEPARTEMENT DE CONSTANTINE

N° 92

Camus Albert

N° d'ordre des droits perçus

**COMMUNE DE MONDOVI**

**Extrait du Registre des Actes de Naissance**

DE LA COMMUNE DE MONDOVI

Pour l'année 1913

Le sept novembre mil neuf cent treize à deux heures du matin est né à Mondovi, Camus Albert, du sexe de masculin, fils de Camus Lucien, Auguste caviste, âgé de vingt huit ans et de Sintès Catherine, ménagère, son épouse âgée de trente et un ans.

domiciliés à Mondovi, Ferme St Paul.

Dressé par nous, le huit novembre mil neuf cent treize à dix heures du matin

Sur les réquisition et présentations faites par le père de l'enfant sus-nommé

mention marginale : Par jugement du vingt un mai mil neuf cent vingt du Tribunal Civil d'Alger Camus Albert a été adopté en qualité de Pupille de la nation. Pour mention, Mondovi le six août mil neuf cent vingt.

— A contracté mariage en mairie de Lyon (2e arrondissement) avec [illegible] Faure le trois décembre mil neuf cent quarante, dont mention faite le onze décembre mil neuf cent quarante.

— A contracté mariage en mairie d'Alger avec Simone Marie Hié le seize juin mil neuf cent trente quatre, dont mention faite le vingt juin mil neuf cent trente quatre

Mondovi, le quinze décembre mil neuf cent quarante sept

Pour copie conforme:

**L'Officier de l'Etat Civil :**

P. le Maire empêché

l'Adjoint

**ETAT CIVIL**

**COUT DU PRESENT EXTRAIT**

savoir :

| | |
|---|---|
| Timbre | 15 00 |
| Droits d'expédition | 2 50 |
| Total | 17 50 |

Légalisation supprimée

Ar. 1er de la loi du 9 août 1919

Bône Imp. Centrale

4

5

6

1 - 圣保罗农场，加缪于1913年11月7日在蒙多维诞生的房子。

2 - 他的父亲应征第一佐阿夫团，死于战争，当时加缪还不到一岁。

3 - 两岁时的加缪。

4 - 加缪的出生证，1913年生于阿尔及利亚的蒙多维。

5 - 阿尔贝·加缪和他的哥哥吕西安·加缪，他们是由国家抚养的战争孤儿。

6 - 初领圣体时的加缪。

“他在一片嘈杂的榔头声中来到了工厂，大家快乐地跟他打招呼，手中的榔头又飞舞起来。欧内斯特穿着一条打了补丁的蓝色旧裤子，一双草底帆布鞋沾满了木屑，灰色的法兰绒上衣没有袖子，一顶浅色的旧伊斯兰小圆帽为他漂亮的头发挡住了灰尘，他拥抱了雅克，让雅克给他当帮手。”

《第一个人》

1

2

“但最终只有贫穷的神秘，让人变得默默无闻，没有过去。”

《第一个人》，附录

“她的脸温柔端庄，西班牙女人的头发鬈曲，黝黑，鼻子小巧挺拔，栗色的眼睛美丽而热切。”

《第一个人》

“[ ……] 他母亲是怎样就怎样，她是这个世界上他最爱的人，哪怕是绝望的爱。”

《第一个人》

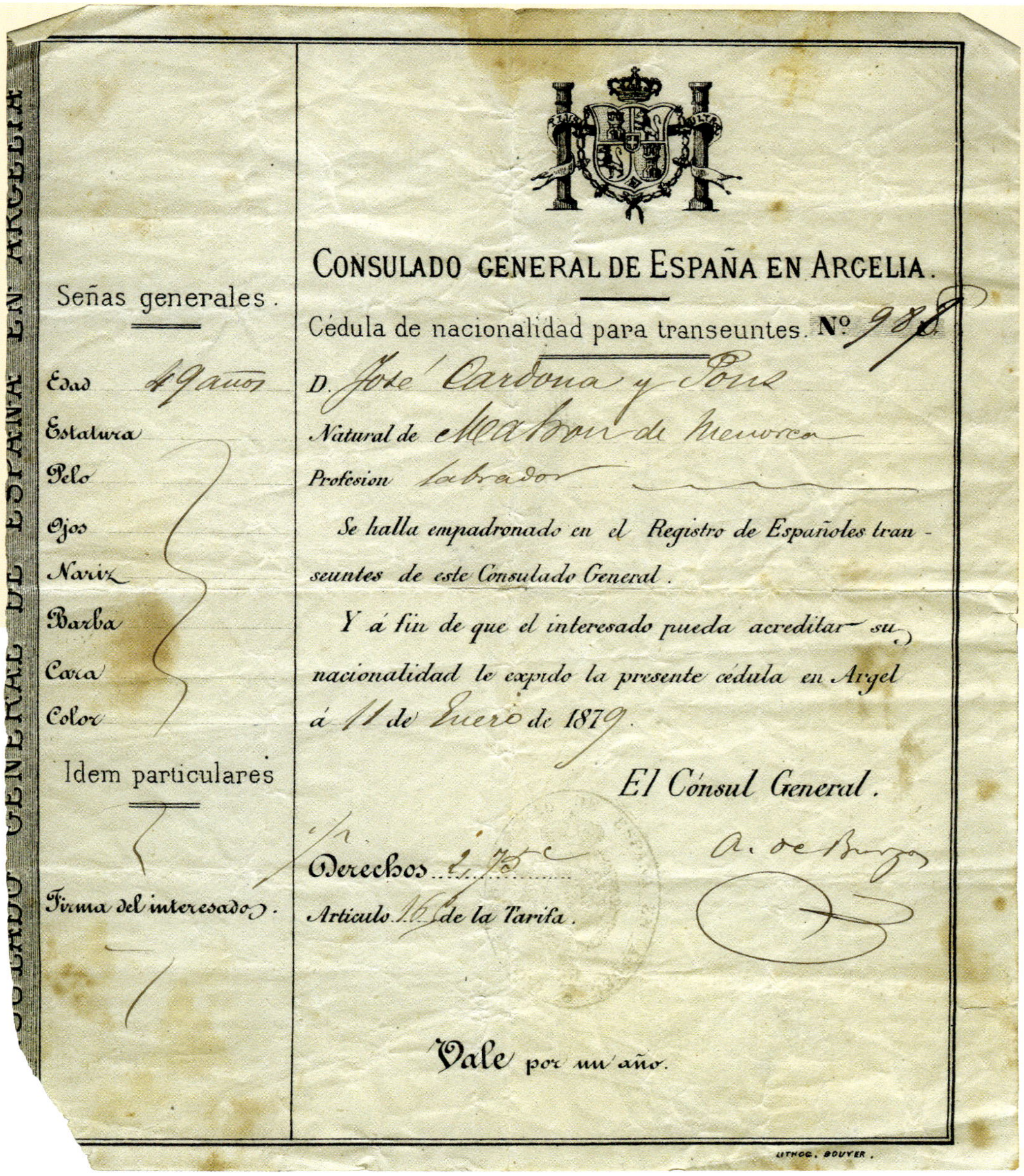

CONSULADO GENERAL DE ESPAÑA EN ARGELIA

CONSULADO GENERAL DE ESPAÑA EN ARGELIA.

Cédula de nacionalidad para transeuntes. Nº 988

Señas generales.

Edad 49 años

Estatura

Pelo

Ojos

Nariz

Barba

Cara

Color

Idem particulares

Firma del interesado.

D. José Cardona y Pons

Natural de Mahon de Menorca

Profesion labrador

Se halla empadronado en el Registro de Españoles transeuntes de este Consulado General.

Y á fin de que el interesado pueda acreditar su nacionalidad le expido la presente cédula en Argel á 11 de Enero de 1879.

El Cónsul General.

A. de Burgos

Derechos 2.75

Artículo 16 de la Tarifa.

Vale por un año.

LITHOG. BOUVER.

3

4

1 - 右边是艾蒂安，散泰斯叔叔使加缪发现了大海、打猎和钓鱼。

2 - 在叔叔的制桶厂的车间里，中间是加缪，七岁。他后边是艾蒂安，站立，叉着胳膊。

3 - 散泰斯一家祖籍巴里阿里群岛，每年向阿尔及利亚申请延长居留期。

4 - 卡特琳·散泰斯，加缪的母亲。

“[……]整个一生我都在不知疲倦地试图寻回西班牙留在我血液中的东西，据我看，那就是真理。”

《加缪笔记，1949—1959》

1

“他西班牙的一面，节制与肉欲，活力与慵懒。”

《第一个人》，附录

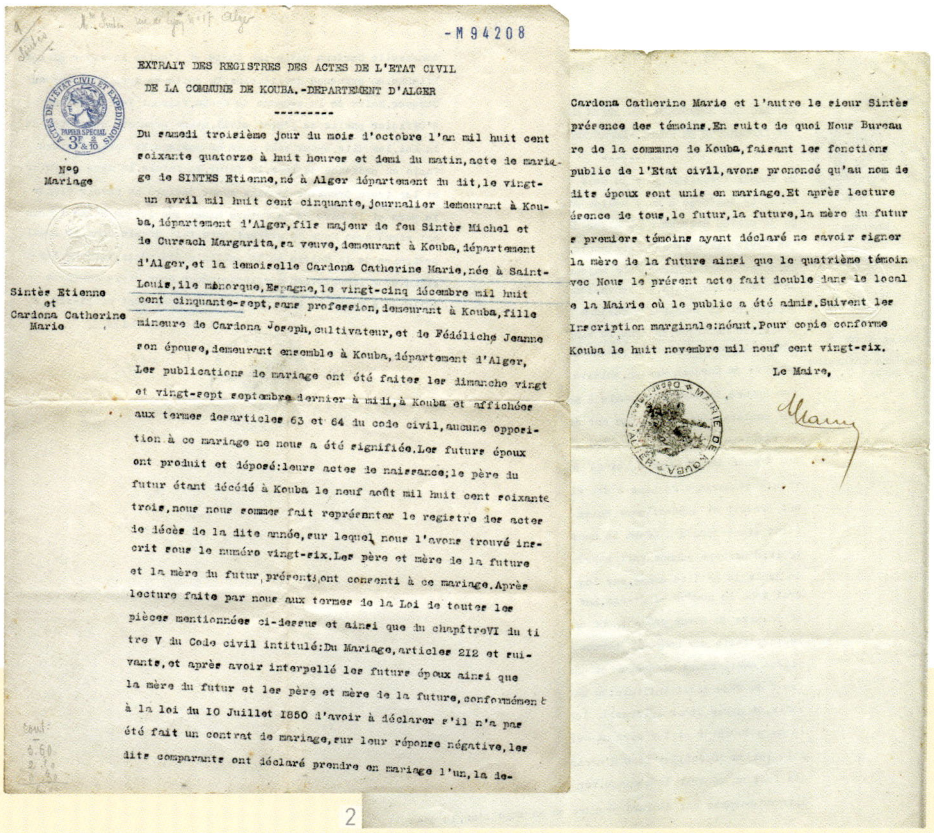

-M 94208

EXTRAIT DES REGISTRES DES ACTES DE L'ETAT CIVIL

DE LA COMMUNE DE KOUBA.-DEPARTEMENT D'ALGER

---------

N°9 Mariage

Sintès Etienne et Cardona Catherine Marie

Du samedi troisième jour du mois d'octobre l'an mil huit cent soixante quatorze à huit heures et demi du matin, acte de mariage de SINTES Etienne, né à Alger département du dit, le vingt-un avril mil huit cent cinquante, journalier demeurant à Kouba, département d'Alger, fils majeur de feu Sintès Michel et de Cursach Margarita, sa veuve, demeurant à Kouba, département d'Alger, et la demoiselle Cardona Catherine Marie, née à Saint-Louis, île ménorque, Espagne, le vingt-cinq décembre mil huit cent cinquante-sept, sans profession, demeurant à Kouba, fille mineure de Cardona Joseph, cultivateur, et de Fédéliche Jeanne son épouse, demeurant ensemble à Kouba, département d'Alger, Les publications de mariage ont été faites les dimanche vingt et vingt-sept septembre dernier à midi, à Kouba et affichées aux termes desarticles 63 et 64 du code civil, aucune opposition à ce mariage ne nous a été signifiée. Les futurs époux ont produit et déposé: leurs actes de naissance; le père du futur étant décédé à Kouba le neuf août mil huit cent soixante trois, nous nous sommes fait représenter le registre des actes de décès de la dite année, sur lequel nous l'avons trouvé inscrit sous le numéro vingt-six. Les père et mère de la future et la mère du futur, présents, ont consenti à ce mariage. Après lecture faite par nous aux termes de la Loi de toutes les pièces mentionnées ci-dessus et ainsi que du chapîtreVI du titre V du Code civil intitulé: Du Mariage, articles 212 et suivants, et après avoir interpellé les futurs époux ainsi que la mère du futur et les père et mère de la future, conformément à la loi du 10 Juillet 1850 d'avoir à déclarer s'il n'a pas été fait un contrat de mariage, sur leur réponse négative, les dits comparants ont déclaré prendre en mariage l'un, la de-

Cardona Catherine Marie et l'autre le sieur Sintès ... présence des témoins. En suite de quoi Nous Bureau ... re de la commune de Kouba, faisant les fonctions ... public de l'Etat civil, avons prononcé qu'au nom de ... dits époux sont unis en mariage. Et après lecture ... érence de tous, le futur, la future, la mère du futur ... s premiers témoins ayant déclaré ne savoir signer ... la mère de la future ainsi que le quatrième témoin ... vec Nous le présent acte fait double dans le local ... e la Mairie où le public a été admis. Suivent les ... Inscription marginale: néant. Pour copie conforme ... Kouba le huit novembre mil neuf cent vingt-six.

Le Maire,

2

1 - 1940年的伊比扎。

2, 6 - 加缪外祖母的身份和结婚证书。

3 - 卡特琳娜·散泰斯，加缪的外祖母。她帮助女儿抚养孩子。

4 - 1930年，殖民百年纪念，法国政府最关心的是利用阿尔及利亚的劳动力，让乡村住上人，以便分配土地。

5 - 从加缪的家谱发现其母系的根在米诺克，西班牙巴里阿里半岛的一座小岛。

有海名曰地中海，是一个容纳十多个国家的盆地。在西班牙一间歌唱的咖啡馆中号叫的人们，在热那亚港口、马赛海滨游荡的人们，他们是在我们的海岸上生活的好奇而强悍的种族，他们出自同一个家族。当人们在欧洲旅行的时候，如果到了意大利或普罗旺斯，就会放心地长出一口气，他们发现了落拓不羁的人，发现了我们都熟知的顽强的、多彩的生活。从奥地利到德国，我在中欧生活了两个月，自问压在我肩上的特殊的不适来自那里，这种不适是一种停留在我身上的隐隐的不安。我最近才明白。这些人始终把扣子直扣到脖子。他们不知道什么叫随波逐流。他们不懂与嘲笑如此不同的快乐。然而这些却是细节，可以赋予祖国这个词一种有价值的意义的细节。祖国不是一种把人推向屠杀的抽象概念，而是某种生活的爱好，某些人共有的生活的爱好，通过这种爱好，人们感到离热那亚人或马略卡人比离诺曼底人或阿尔萨斯人更近。地中海就是这样，就是这种不必表达的气味或香气：我们每个人都可以用我们的皮肤感觉到。

《地中海的新文化》，II，《明显的事情》

“直挺挺地裹在预言家似的长裙里，无知又固执，她至少从不知道什么叫逆来顺受。”

《第一个人》

3

“您的母亲给人家做家务，谁在白天照顾您呢？”

“我的外祖母，她很严厉。”

卡尔·A.维基亚尼的采访

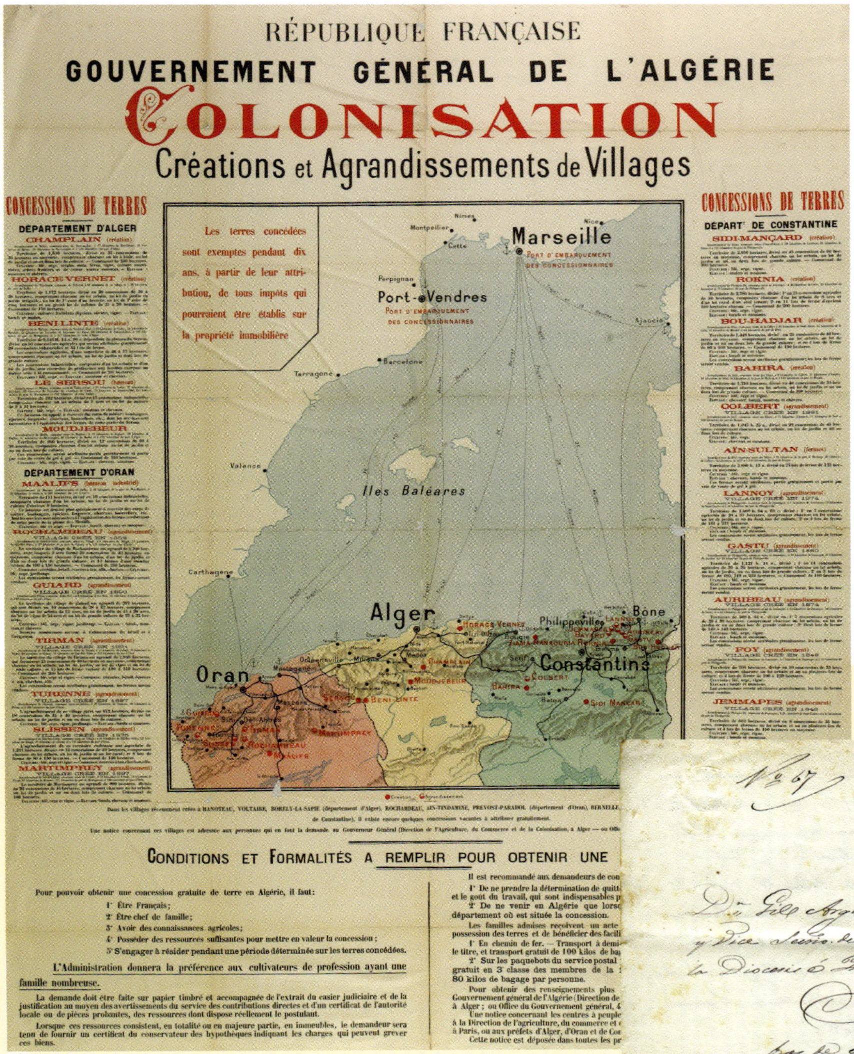

4

5

6

"让这个家庭从穷人的命运中挣脱出来，而穷人的命运就是不留痕迹地从历史中消失。他们默默无闻。他们从前和现在都比我伟大。"

《第一个人》，附录

1 - 吕西安·加缪1914年10月11日死于马恩河前线战斗中的一枚炮弹的爆炸。

2 - 阿尔及尔市政府寄给加缪太太的阵亡通知书。

3, 4 - 1914年马恩河战役中，战壕里的士兵。超过八万人死于前线。

5 - 1920年，加缪在奥梅阿勒路小学。

6 - 小学教师路易·杰尔曼无偿地帮助阿尔贝·加缪准备中学奖学金的考试：年轻人充满好奇心，才华横溢，在这个对他并不友好的世界中取得了很好的分数。

7 - 佐阿夫士兵吕西安·加缪品行良好的证书。

1

“不，他永远都不可能了解父亲，父亲长眠于此，音容笑貌永远消失在骨灰中。”

《第一个人》

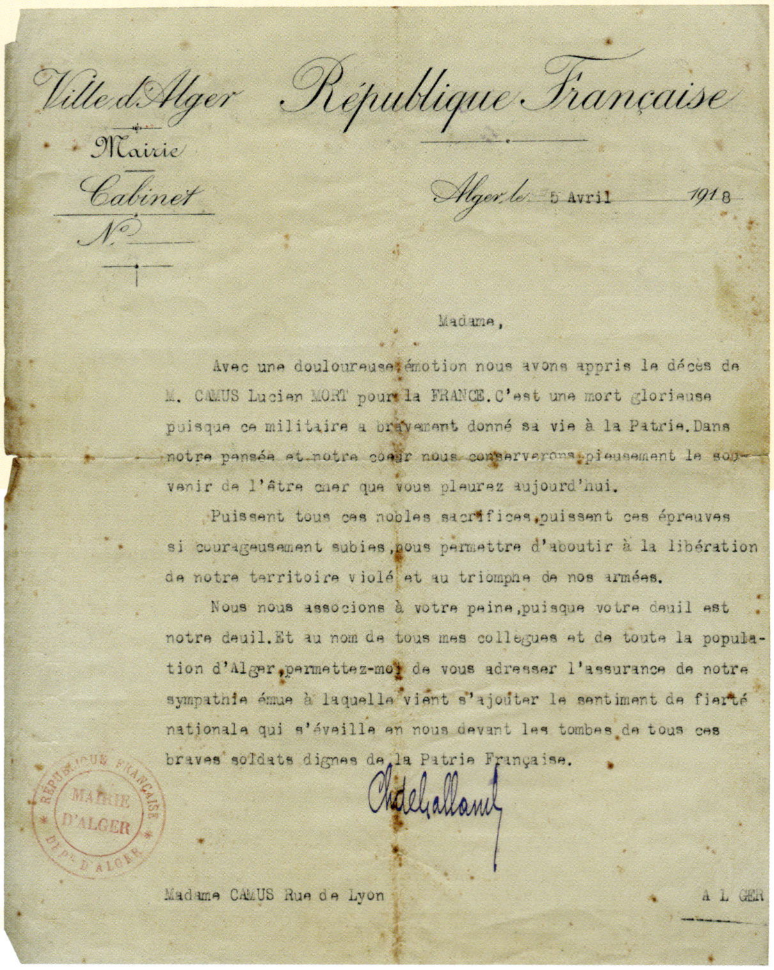

Ville d'Alger　République Française

Mairie

Cabinet

N°

Alger, le 5 Avril 1918

Madame,

Avec une douloureuse émotion nous avons appris le décès de M. CAMUS Lucien MORT pour la FRANCE. C'est une mort glorieuse puisque ce militaire a bravement donné sa vie à la Patrie. Dans notre pensée et notre coeur nous conserverons pieusement le souvenir de l'être cher que vous pleurez aujourd'hui.

Puissent tous ces nobles sacrifices, puissent ces épreuves si courageusement subies, nous permettre d'aboutir à la libération de notre territoire violé et au triomphe de nos armées.

Nous nous associons à votre peine, puisque votre deuil est notre deuil. Et au nom de tous mes collègues et de toute la population d'Alger, permettez-moi de vous adresser l'assurance de notre sympathie émue à laquelle vient s'ajouter le sentiment de fierté nationale qui s'éveille en nous devant les tombes de tous ces braves soldats dignes de la Patrie Française.

(RÉPUBLIQUE FRANÇAISE — MAIRIE D'ALGER — DÉP^T D'ALGER)

Madame CAMUS Rue de Lyon　　A L GER

2

3

4

“动员。我父亲应征入伍时，还从未见过法国。他后来看见了，被杀了（这就是像我家一样卑微的家庭献给法国的东西）。”

《第一个人》

这些天来，我成了议论的中心，我在这些议论稍稍平息之后，才写信跟您说说我的肺腑之言。人们刚刚给了我过高的荣誉，对此我从未追求过，也未渴望过。当我得知消息后，首先想到的，就是告诉母亲和您。假如没有您，没有您向我这个穷孩子伸出热情之手，没有您的教导，没有您的榜样，这一切都不会到来。我并不夸耀这类荣誉，但它至少可以让我借此机会向您说明过去和现在您在我心中的地位。我向您保证，您的努力、您的劳动、您的慷慨之心，将永远留在我，您的一个小学生心中。尽管年纪已经不小，但我从来都是您的学生，对您感激不尽。紧紧地拥抱您。

获诺贝尔奖后阿尔贝·加缪给路易·杰尔曼的信，
1957年11月19日

我不知如何表达你的优雅之举带给我的欢乐，也不知如何向你致谢。如果可能的话，我要紧紧拥抱你这个大男孩，对我来说，你永远是"我的小加缪"。

路易·杰尔曼给阿尔贝·加缪的信，1959年4月30日

5

6

"[……]您的努力、您的劳动、您的慷慨之心，将永远留在我，您的一个小学生的心中。尽管年纪已经不小，但我从来都是您的学生，对您感激不尽。"

阿尔贝·加缪给路易·杰尔曼的信，
1957年11月19日

"[……]在我的整个教学生涯中，我尊重孩子们心中最为神圣的东西：探索真理的权利。"

路易·杰尔曼给阿尔贝·加缪的信，
1959年4月30日

高麦利走近墓碑，漫不经心地看着它。真的，的确刻着他的名字。他抬起双眼。愈发显得苍白的天空里，几小片灰白的云在缓缓移动，天上落下或明或暗地变幻着的光线。在他周围，在这片广阔的墓地里，寂静笼罩着一切。[……]就在这时，他从墓碑上看到了父亲的生日，凑巧发现了他以前不知道的东西。他念着上面的两个年代，"1885—1914"，他不自觉地计算了一下：二十九岁。一种想法突然触动了他，使他浑身发颤。他四十九岁。这块石板下埋葬着的曾为人父的人比儿子还要年轻。

《第一个人》

CORPS D'ARMÉE
DIVISION
BRIGADE

NOTA. — Cette pièce, en cas de perte, ne peut être remplacée par duplicata.

FORMAT
Hauteur, 0m,31 ; largeur, 0m,20

(1) 1er Régiment de Zouaves

CERTIFICAT DE BONNE CONDUITE

La Commission spéciale du 1er Régiment de Zouaves
instituée en exécution du Règlement du 20 octobre 1892 sur le Service intérieur des troupes,

Certifie que le(2) Zouave de 2e classe Camus Lucien Auguste
N° Mle 17023
né le 28 Novembre 188 , à
canton d , département d
taille de un mètre millimètres, cheveux , sourcils ,
yeux , front , nez , bouche ,
menton , visage , marques particulières :
a tenu une bonne conduite pendant le temps qu'il est resté sous les drapeaux, et qu'il y a constamment servi avec honneur et fidélité.

La présente attestation est donnée sur la proposition du Capitaine de(3)
et du Chef d(4)
auquel appartient le(2) Camus
après examen du registre des punitions en ce qui le concerne.

Fait à Casablanca, le 26 Août 190 .

Le Président de la Commission spéciale,

APPROUVÉ :
Le Général de brigade,

TROUPES DE CASABLANCA
RÉPUBLIQUE FRANÇAISE

(1) Désignation du corps de troupe. — (2) Grade, nom, prénoms et numéro matricule du militaire. — (3) Désignation de la compagnie, de l'escadron. — (4) Désignation du bataillon, de l'escadron.

7

“出于对足球的迷恋，他总是急匆匆地来到水泥院子里，院子四周围有粗圆柱拱廊（那些死用功和听话的学生在廊下边走边聊），［……］他带着球发狂似的奔跑，绕过树或对手，感觉自己成了院子和生活的王者。”

《第一个人》

1

1 - 加缪参加了阿尔及尔竞技俱乐部。图中第一排戴鸭舌帽的就是他。

2 - 1953年，加缪支持阿尔及利亚大学竞技队，他的成员证就是证明。

3 - 1941年。第一排左起第三人。

4，5，6 - 1957年10月23日，诺贝尔奖宣布六天后，加缪在王子公园。

7 - 1939年的马塞尔・塞尔当。加缪观看拳击比赛，当时拳击在阿尔及利亚是一项很活跃的运动。

8 -《阿尔及利亚大学竞技周报》1953年4月15日刊载的加缪的一篇文章。

ALLEZ RUA

AMICALE DES SUPPORTERS
DU
RACING UNIVERSITAIRE D'ALGÉRIE

Siège Social :
Brasserie Laferrière
ALGER

CARTE DE MEMBRE

Allez R.U.A.

Saison 1953

M. Albert Camus
20 rue Madame
Paris

Le Président,

Le Trésorier,

2

3

4

5

6

卡尔·A.维基亚尼：在中学您演过戏剧吗？

阿尔贝·加缪：没有，我踢足球。

卡尔·A.维基亚尼的采访

7

“与米诺兹交战的那天晚上，一切都进行得合乎章法[……]。他扑向米诺兹，拳头像冰雹一样落在他身上[……]。但是[……]，看到被他打过的那张狼狈的脸，他突然心头一紧。他因此懂得了战争并非好事，战胜别人和被别人战胜同样苦涩。”

《第一个人》

NOUVELLE SERIE N° 1

Mercredi 15 Avril 1953

20 francs

# LE RUA

**HEBDOMADAIRE SPORTIF UNIVERSITAIRE** *publié par* **“ALLEZ-RUA”**

**ORGANE DU RACING UNIVERSITAIRE D'ALGER, SECTION SPORTIVE DE L'A. G. DES ETUDIANTS**

REDACTION - ADMINISTRATION : 10, Boulevard Baudin, 10 ALGER

*« Le RUA est ma cinquième Faculté »*
M. TAILLART, Recteur de l'Université d'Alger

Fondateurs : P. de ROCCA-SERRA, P. PERRIAU
Rédacteur en chef : Ed. BRUA.

## Le “R.U.A.” ressuscite

*PARCE que le journal « LE RUA » ressuscite, il y aura des « falsos » pour dire : « Tiens, parbleu ! Le club traverse une crise grave. Son équipe première est dernière dans le championnat de football. C'est pourquoi les dirigeants* décrètent le « RUA en danger ! »

*Ceci est faux et tout le monde le sait.*

*Le vrai, c'est qu'il y a une crise grave qui met en danger l'existence du Sport amateur. Une gangrène qui ronge tout le football, qui gagne le basket, qui pollue les eaux de la natation.*

*Le vrai, c'est que le « RUA » est à peu près le seul club à refuser — héroïquement — de s'embourber dans ces terrains marécageux et de nager dans ces eaux troubles.*

*Le vrai, c'est que s'il est en queue du championnat départemental, c'est parce que, dans un monde sportif à l'envers, il est à la pointe du bon combat.*

*Mais une telle lutte, qui semble si naturelle et si facile aux anciens, nourris de pur idéal et de glorieux souvenirs, peut à de certains moments déconcerter et même décourager les jeunes, les nouveaux venus qui cherchent à comprendre leur époque.*

*Voilà pourquoi le « RUA » ressuscite.*

*Il s'est donné pour tâche de mieux éclairer la route suivie jusqu'ici par notre grand club universitaire, afin qu'il ne s'y trouve pas de retardataires, afin que jeunes et anciens s'y rapprochent et s'y rassemblent pour marcher d'un même pas, d'un même esprit et d'un même cœur, vers le but commun : la résurrection du Sport pur.*

*C'est la route droite, la route de l'Honneur sportif. Le « RUA » n'en déviera pas.*

« LE RUA ».

## La belle époque...

**Un article d'Albert CAMUS**

**Oui, j'ai joué plusieurs années au RUA. Il me semble que c'était hier. Mais lorsqu'en 1940, j'ai remis les crampons, je me suis aperçu que ce n'était pas hier. Avant la finale de la première mi-temps, je tirais aussi fort la langue que les chiens kabyles qu'on rencontre à deux heures de l'après-midi, au mois d'août, à Tizi-Ouzou. C'était donc il y a longtemps. 1928 et la suite, je crois. J'avais débuté à l'Association Sportive Montpensier, Dieu sait pourquoi puisque j'habitais Belcourt et que Belcourt-Mustapha, c'est le Gallia. Mais j'avais un ami, un velu, qui nageait au port avec moi et qui faisait du water-polo à l'ASM. C'est comme ça que se décident les vies. L'ASM jouait le plus souvent au Champ de Manœuvres, sans raison visible là encore. Le terrain avait plus de bosses qu'un tibia d'avant-centre en visite au stade Alenda (Oran). J'apris tout de suite qu'une balle ne vous arivait jamais du côté où l'on croyait. Ça m'a servi dans l'existence et surtout dans la métropole où l'on n'est pas franc du collier. Mais au bout d'un an d'ASM et de bosses, on m'a fait honte au lycée. Un « universitaire » devait être au RUA. A cette époque, le velu avait disparu de ma vie. Nous n'étions pas fâchés. Seulement, il allait maintenant nager à Padovani, où l'eau était impure. Pour tout dire, ses raisons n'étaient pas pures, non plus. Moi, je trouvais que sa raison était charmante mais qu'elle dansait mal, ce qui chez une femme me paraissait inacceptable. C'est à l'homme à marcher sur les pieds, non ? Alors, le velu et moi, on s'est seulement promis de se revoir. Mais les années ont passé. Beaucoup plus tard, j'ai fréquenté le restaurant Padovani (pour des raisons pures) mais le velu s'était marié avec son poids lourd qui devait, selon l'usage, lui interdire de se baigner.**

**Où en étais-je ? Oui, le RUA. Je voulais bien y entrer, l'essentiel pour moi étant de jouer. Je piétinais d'impatience du dimanche au jeudi, jour d'entraînement, et du jeudi au dimanche, jour de match. Alors va pour les Universitaires. Et me voilà gardien de but de l'équipe junior. Oui, cela paraissait tout simple. Mais je ne savais pas que je venais de contracter une liaison qui allait durer des années, à travers tous les stades du département, et qui n'en finirait plus. Je ne savais pas que vingt ans après, dans les rues de Paris ou même de Buenos-Ayres (oui, ça m'est arrivé) le mot de RUA prononcé par un ami de rencontre me ferait encore battre le cœur, le plus bêtement du monde. Et puisque j'en suis aux confidences, je puis bien avouer qu'à Paris, par exemle, je vais voir les matches du Racing-Club de Paris, dont j'ai fait mon favori, uniquement parce qu'il porte le même maillot que le RUA, cerclé de bleu et de blanc. Il faut dire d'ailleurs que le Racing a un peu les mêmes manies que le RUA. Il joue « scientifique », comme on dit, et scientifiquement il perd les matches qu'il devrait gagner. Il paraît que ça va changer (d'après Lefebvre), au RUA du moins. Il faut en effet que ça change, mais pas trop. Après tout, c'est pour cela que j'ai tant aimé mon équipe, pour la joie des victoires, si merveilleuse lorsqu'elle s'allie à la fatigue qui suit l'effort, mais aussi pour cette stupide envie de pleurer des soirs de défaite.**

**J'avais pour arrière le Grand, je veux dire Raymond Couard. Il avait fort à faire, si mes souvenirs sont bons. On jouait dur, avec nous. Des étudiants, fils de leurs pères, ça ne s'épargne pas. Pauvres de nous, à tous les sens, dont une bonne moitié étaient fauchés comme les blés ! Il fallait donc faire face. Et nous devions jouer à la fois « correctement » parce que c'était la règle d'or du RUA et « virilement » parce qu'enfin un homme est un homme. Difficile conciliation ! Ça na' pas dû changer, j'en suis sûr. Le plus dur, c'était l'Olympique d'Hussein-Dey. Le stade est à côté du cimetière. Le passage était direct, on nous le faisait savoir sans charité. Quant à moi, pauvre gardien, on me travaillait au corps. Sans Roger, j'aurais souffert. Il y avait Boufarik aussi, et cette espèce de gros avant-centre (chez nous on l'appelait Pastèque) qui atterrissait de tout son poids, régulièrement, sur mes reins, sans compter le reste : massage des tibias à coups de crampons, maillot retenu à la main, genou dans les parties nobles, sandwich contre le poteau, etc... Bref, un fléau. Et à chaque fois, Pastèque s'excusait d'un « Pardon, fils » avec un sourire franciscain.**

**Je m'arrête. J'ai passé déjà les limites fixées par Lefebvre. Et puis je m'attendris. Oui, même Pastèque avait du bon. Du reste, soyons francs, nous lui avons rendu son compte. Mais sans tricher, car il est vrai que c'était la règle qu'on nous enseignait. Et je crois bien qu'ici je n'ai plus envie de plaisanter. Car, après beaucoup d'années où le monde m'a offert beaucoup de spectacles, ce que finalement je sais de plus sûr sur la morale et les obligations des hommes, c'est au sport que je le dois, c'est au RUA que je l'ai appris. C'est pourquoi en effet le RUA ne peut pas périr. Gardez-le nous. Gardez-nous cette grande et bonne image de notre adolescence. Elle veillera aussi sur la vôtre.**

**Albert CAMUS.**

## L'article du « Toubib »

Depuis 1939, si les Ruaïstes fidèles à leurs traditions, palabraient et chantaient encore, il leur manquait toutefois leur maître moyen d'expression, c'est-à-dire leur journal.

Et, si chez tous, le prurit de la plume ne révèlait pas le même caractère d'acuité, chez tous, cependant, s'observaient comme une nostalgie et un amer regret. A tous, les ailes du petit « canard violet » paraissaient définitivement rognées. Plus jamais, semblait-il, il

avoir conquis, par sa conception du sport, par son respect de la forme, par sa tenue, une juste popularité, essayer de conquérir et persuader plus encore.

Il lui faut, par l'action sur le stade, par la parole et aussi par la plume, sans cesse réaffirmer son désir de totalement ignorer le « sport spectacle » et son corollaire inéluctable : le professionnalisme. S'adressant aussi à ses membres, il doit sans cesse leur redire :

— Rappelez-vous que les victoires

## Bleu, Blanc et “Lanterne” Rouge !...

*Ceci n'est pas une histoire, c'est DE l'Histoire :*
*Le RUA remportait victoire sur victoire.*
*(Il était plus finaliste que Leibniz*
*et faisait de chaque finale un Austerlitz).*
*Napoléon disait des siennes : « C'est du bronze ».*
*Le Toubib le disait en parlant de son onze.*
*On était plus ruaïste que le RUA...*

## En passant

En prenant aujourd'hai la plume pour aider à la résurection de la modeste feuille violette à laquelle, il y a quelque vingt ans, certains de ceux que je considérais alors comme des aînés un peu fous s'étaient voués, je pense à mes jeunes camarades Ruaïstes qui, eux aussi, souriront à l'initiative présente des « un peu fous » d' « Al-

8

LYCEE

1

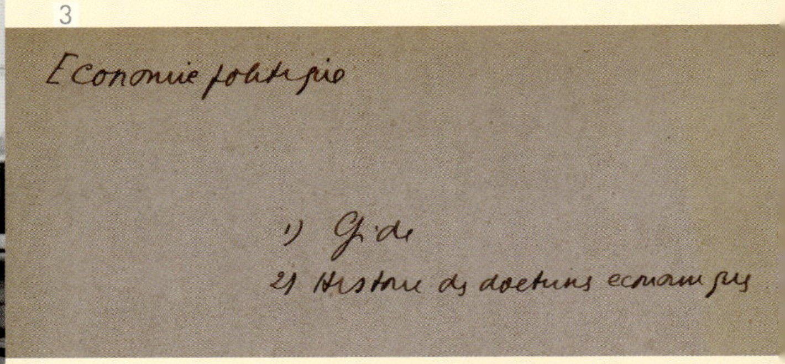
Economie politique
1) Gide
2) Histoire des doctrines économiques

3

2

1 - 位于市中心的博热中学。

2 - 加缪十五岁，博热中学，第一排左起第二名。

3 - 加缪的政治经济学笔记第一页。

4 - 加缪的理论伦理学笔记第一页。

5 - 加缪的阿格婶婶和叔叔，在位于阿尔及尔米什莱街的肉店门前。他的叔叔是共济会会员，他向年轻人打开了藏书柜。关于他，加缪写道："他是唯一让能我想象一位父亲是什么样的人。"

6 - 学生加缪品行良好的表扬信。

至于大学，我很愿意人们保持它所教授的最美好的东西：精神上的正直和对话的兴趣，当人们像黑格尔及所有现代哲学一样，相信人为历史而生，而非历史为人而生，人们就不能相信对话。人们相信效率和强权意志，就是相信沉默和谎言。极端地说，就是相信谋杀。

《一种生活方式》

"反正在中学里，他不能向任何人谈论他的妈妈和他的家。在家里，他不能谈论学校。"

《第一个人》

Morale théorique

Historique

4

我喜欢这些信任我的年轻人，是因为我可以教他们自学，更甚于我要教给他们的东西。

《回忆录》，让·格勒尼埃

5

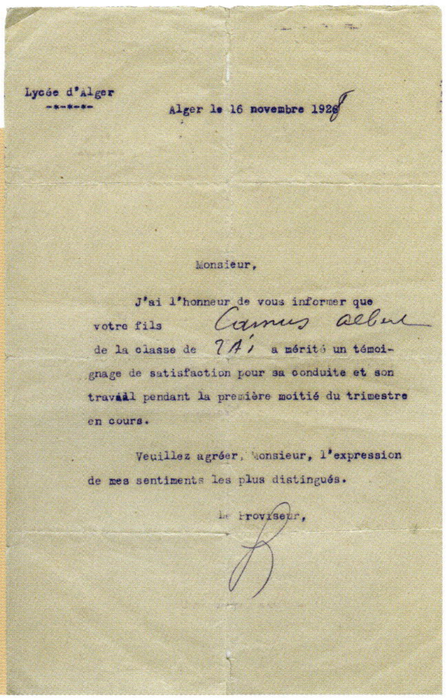
Lycée d'Alger

Alger le 16 novembre 1928

Monsieur,

J'ai l'honneur de vous informer que votre fils Camus albert de la classe de 7A1 a mérité un témoignage de satisfaction pour sa conduite et son travail pendant la première moitié du trimestre en cours.

Veuillez agréer, Monsieur, l'expression de mes sentiments les plus distingués.

Le Proviseur,

6

“这是一个没有教训的地方。它既无许诺，亦无任何使人可以隐约看见什么的东西。它只满足于奉献，大量地奉献。它全部呈现于人们的眼前，人们在享受的一刹那间就认识到了。”

《婚礼集·阿尔及尔的夏天》

1

3

2

“站在直通大海的宽阔大道上，远远就能看见池塘和鲜花，他们在看守人怀疑的目光下，装成无所谓的、有教养的散步人。但是，他们一走到第一条横向大道，就向花园的东面跑去。一排排巨大的红树紧挨着，树荫下几乎就是黑夜。高大的橡树，树根纠缠不清的下垂的树枝，朝着地面垂下邻近的枝条。更远处才是孩子们此番探险的真正目的地。高大的棕榈树顶挂着一串串紧密的小圆果子，颜色橘黄，他们把它叫作‘可可丝’。”

《第一个人》

咯血。“我儿子的肺有问题。”母亲不大起劲儿地说。他年纪到了。十七岁了。他的一个叔叔照顾他。还是把他送进了医院。但是他连一夜都待不了。他有的是时间，在那个无眠之夜，咳嗽，咯血，难闻的气味，他感觉到已被排除于活着的世界，那里“其他人”都很健康。

尤其是这天早晨，他母亲来看他，世界的绝望，对他来说，从美的形式后面冒了出来。

《反与正》

4

少年——他的生命力，他对生命的信仰。但是他咯血。生活就是这样，医院，死亡，孤独，种种荒诞。由此造成分离。他的内心深处：“不，不，生活是另外的东西。”

《第一个人》

对于接下来的事情来说，根本的问题在于，就在晚上的这个时刻，我想都不想就接受了死去的念头，我不再以活着的人，而是以被判刑的人来考虑问题：如果事情继续，也没有什么关系。

《没有明天》，1938年3月17日

1 - 俯瞰着城市的非洲圣母院，地中海是阿尔及尔的灯塔。

2, 3, 4 - 实验花园。

5 - 1930年12月，加缪十七岁，有了肺结核的初期症状。1934年春天，第二片肺叶被感染。

——您是在1937年什么时候病的？

——我想是在12月吧。

——您害怕或您曾说过您将死于这场肺结核？

——我害怕。我多次咯血，我从医生的脸上看出来了。

卡尔·A. 维基亚尼的采访

5

“夏天，港口充满喧哗和阳光。11点半。白昼从中间开始，以其全部的热量压在码头上。阿尔及尔商业局的货场前，黑色船壳和红色烟筒的货船正在装运小麦。它们细细的颗粒的香味与炙热的阳光使沥青散发出的浓重气味混在一起。在一个散发着漆和茴香香味的小棚子前，一些人喝着酒，穿着红色短裤的阿拉伯人在滚烫的石板上转着他们的身体，面对着波光粼粼的大海。”

《幸福之死》

1

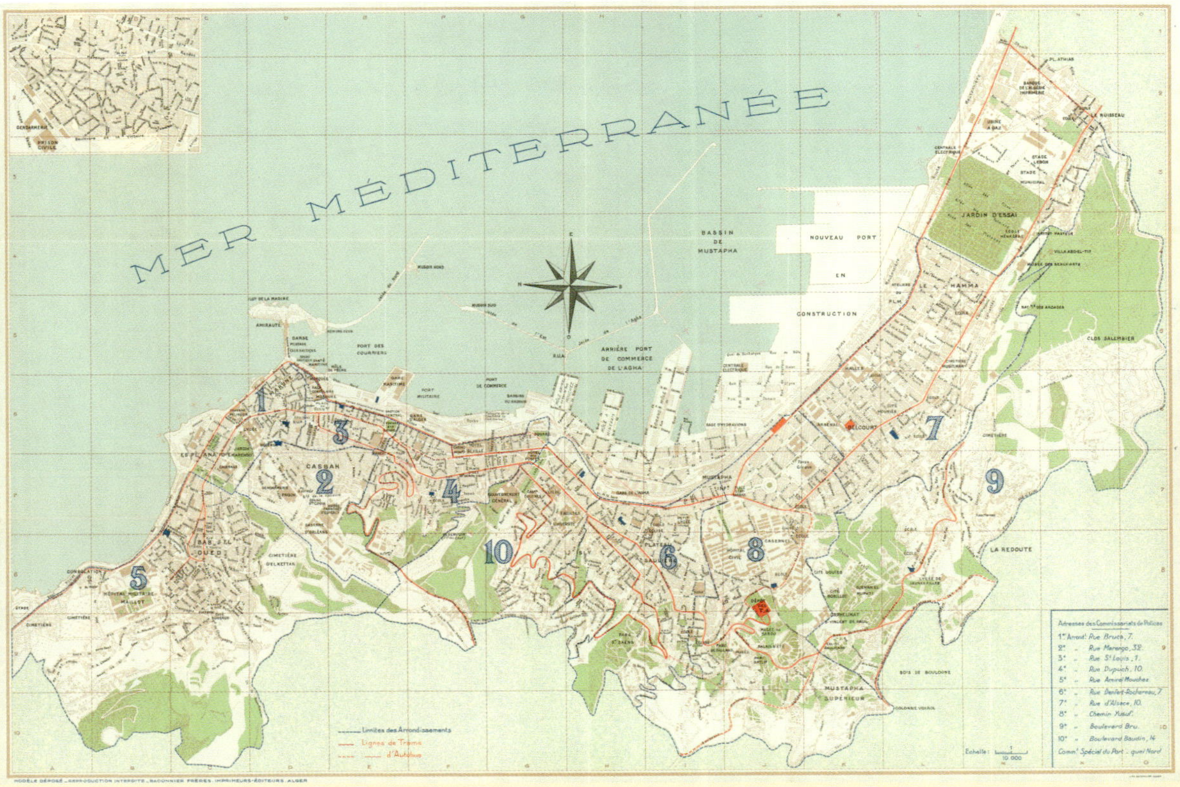

2

3

“办公室外面就是海，我们看了一会儿大太阳底下停在港里的船。”

《局外人》

1 - 1930年，殖民一百周年的宣传画。加缪十七岁，学习文科。

2, 3 - 首都的平面和导游图。从贝尔古贫民区到博热中学，加缪每天穿越阿尔及尔，阿尔及尔面向大海，背靠山丘。

4 - 面向大海的共和国大道。

5 - 阿尔及尔港口全景，人称“白色港口”。

4

5

“我生活在窘迫之中，但也生活在某种快乐之中。我觉得我有使不完的力气……”

《反与正》，序言

1 - 加缪的学习档案。

2, 3 - 1936年加缪获得的哲学本科证书。一年后，他获得文科本科毕业证书。

4 - 山腰上的阿尔及尔大学，加缪在此学习。

5, 6 - 文科预备班的照片。第三排右起第二名是加缪。第二排中间是克洛德·德·弗雷德曼维尔，他们都对出版抱有热情。

7 - 加缪的军籍簿，证明他患有肺结核，这种疾病禁止他从事教学和1939年进入军队。

1937年7月8日给让·德·麦松塞勒的信：

我有许多的事情要对你说，让。我对我的病始终漠不关心。我不理解您经常对我说的：有时候您会害怕在街上被压死，而没有时间表达出来。我现在懂了，因为我有些东西要表达。我工作很多。我愿为此生活，这是最重要的。让，生活是一件激情澎湃而又痛苦的事情，这不值得赞叹吗？

我很高兴很快就见到您。您对我说说您都做了些什么。您知道我是您的非常忠实的朋友。

阿·加缪，阿尔及尔东方大街29号

——您学过希腊的语言和文学吗？

——没在中学学过。由于考教师资格的需要，我在大学里上过速成班。我自己读过几乎所有的希腊文学，它们使我激动不已。

卡尔·德·维基亚尼的采访

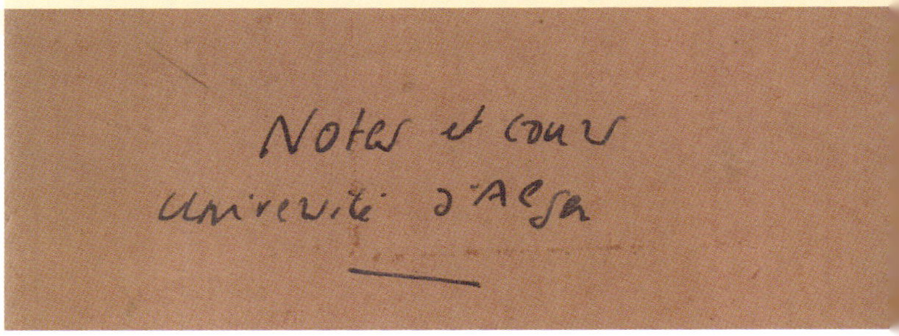


1

UNIVERSITÉ D'ALGER

FACULTÉ DES LETTRES D'ALGER

Diplôme d'Etudes Supérieures de Philosophie

Nous, Doyen et Professeurs de la Faculté des Lettres d'Alger ;

Vu l'arrêté ministériel du 18 juin 1904

Attendu que M Camus Albert

né à Mondovi (Constantine), le 7 novembre 1913

a produit et discuté un mémoire sur "Néoplatonisme et pensée chrétienne"

et justifié des connaissances requises en

ainsi que dans les sciences auxiliaires ( Explication de textes )

Décernons à M Camus le DIPLOME D'ETUDES SUPERIEURES de Philosophie

Fait à Alger, le 25 mai 1936

Les Membres du Jury :

Ont signé au registre M.M. Grenet Poirier Grenier

Délivré par le Recteur, Président du Conseil de l'Université,

Le Doyen,

POUR LE RECTEUR

N° 94

2

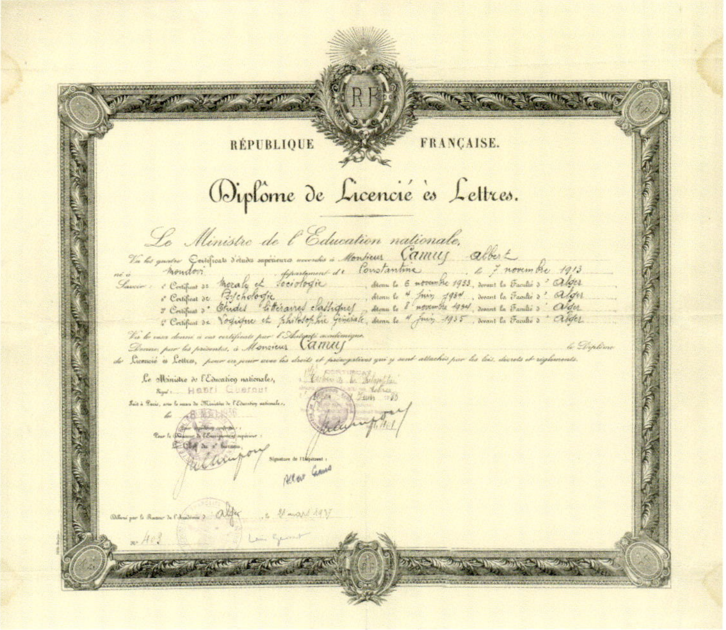
RÉPUBLIQUE FRANÇAISE.

Diplôme de Licencié ès Lettres.

Le Ministre de l'Education nationale,

Vu les quatre Certificats d'études supérieures accordés à Monsieur Camus Albert

né à Mondovi département de Constantine, le 7 novembre 1913

Savoir : 1er Certificat de Morale et Sociologie, obtenu le 6 novembre 1933, devant la Faculté d'Alger

2e Certificat de Psychologie, obtenu le 4 juin 1934, devant la Faculté d'Alger

3e Certificat d'Études littéraires classiques, obtenu le 8 novembre 1934, devant la Faculté d'Alger

4e Certificat de Logique et philosophie Générale, obtenu le 4 juin 1935, devant la Faculté d'Alger

Le Ministre de l'Education nationale,

Signé : Henri Guernut

Signature de l'Impétrant : Albert Camus

3

4

5

6

“我的病把我排除在外了”；

“人们彻底地拒绝了我参加教师资格会考的医疗证明。”

阿尔贝·加缪致让·格勒尼埃

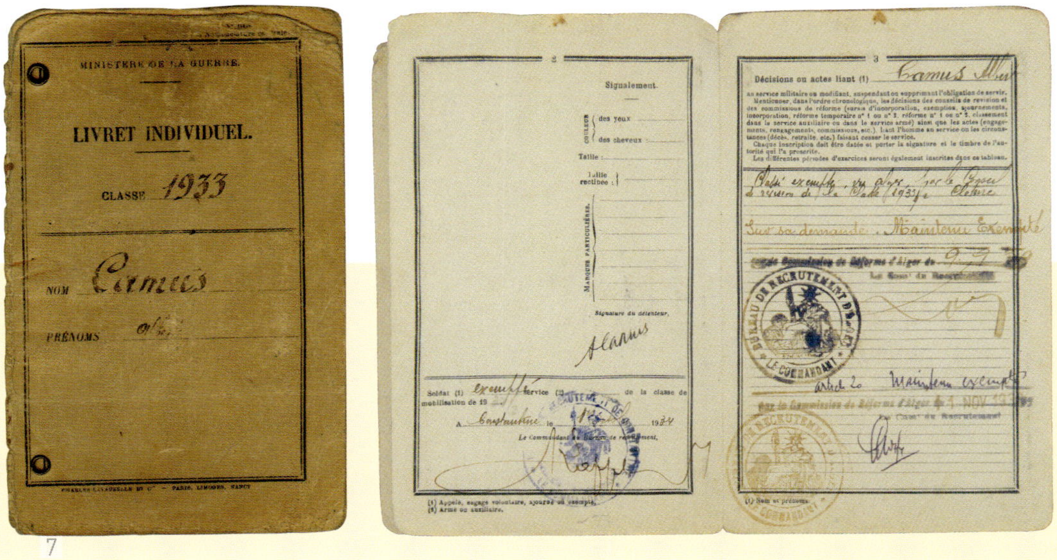


7

“我发现，一个穷孩子可以通过艺术表达自己和解放自己。”

卡尔·德·维基亚尼的采访

1 - 让·格勒尼埃，那不勒斯，1926年。他使年轻的加缪发现了马塞尔·普鲁斯特和安德烈·德·里肖。在《阅读笔记》中，加缪同样引用了俄国文学和西班牙作家。

2 - 让·格勒尼埃的随笔集，加缪于1959年再版时写过序言。“我受到了震撼，它（这本书）对我的影响……”

3, 4 - 安德烈·德·里肖的肖像，他是1931年出版的《痛苦》一书的作者。

5 - 1935年前后的安德烈·纪德，此后他成为加缪毕生的朋友。阿尔贝·加缪还曾引用安德烈·纪德的话：“我希望幸福，因为我不希望别的什么。”

然而，自问之后，我可以证明，尽管我有许多弱点，却从未表现出我们中间流布最广的缺点，我想说，嫉妒，这社会和学说的真正的毒瘤。

这种幸运的免疫，不是我本人的功劳。免除嫉妒，我首先要归功于我的亲人，他们几乎什么都缺，却几乎什么都不羡慕。这个家庭甚至不识字，它以沉默、谨慎、自然而朴素的骄傲给了我最高的教诲，使我毕生受用不尽。

《反与正》，序言

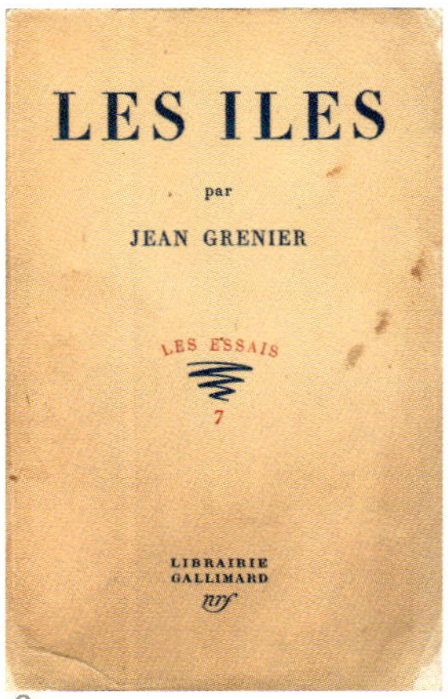

2

1

4

3

5

“我不认识安德烈·德·里肖。但我不会忘记他精彩的作品，他第一次向我讲述了我所知道的事情：一个母亲，贫穷，美丽的夜空。他解开了在我内心深处的一个模糊的结，向我展示了我无以名之的窘迫的障碍。”

《与安德烈·纪德相遇》

“随着阅读他的日记，我对纪德的兴趣越来越浓厚。他不是很有人情味吗？比起其他的作家，我更喜欢他。”

阿尔贝·加缪致让·格勒尼埃，1932年

1

2

我住在阿尔及尔的时候，冬天里总是耐心地等待，因为我知道一夜之间，在2月一个寒冷而纯净的夜里，孔絮尔山谷里的巴旦杏树就会开满白色的花。然后，我惊喜地看到，这片脆弱的雪顶住了一场场雨和一阵阵海风。然而，这片雪每年坚持的时间，恰为果子成熟所需。

《夏天集·巴旦杏树》

“我将尼采的照片还给您。谢谢。它对我是巨大的支持。为此请翻拍一张，我要把它放在我的心的秘密档案中。”

勒内·夏尔给阿尔贝·加缪的信，1957年3月13日

“尼采的照片！这是一份非同寻常的资料，它使可笑而卓越的心感到痛苦。放到您的档案中吧。”

阿尔贝·加缪给勒内·夏尔的信，1958年

“尼采从来只是根据未来的世界末日来思想，并非为了颂扬，因为他猜到这世界末日最终卑劣的、算计的面孔，他是为了避免它，将它改变为再生。”

《第一个人》

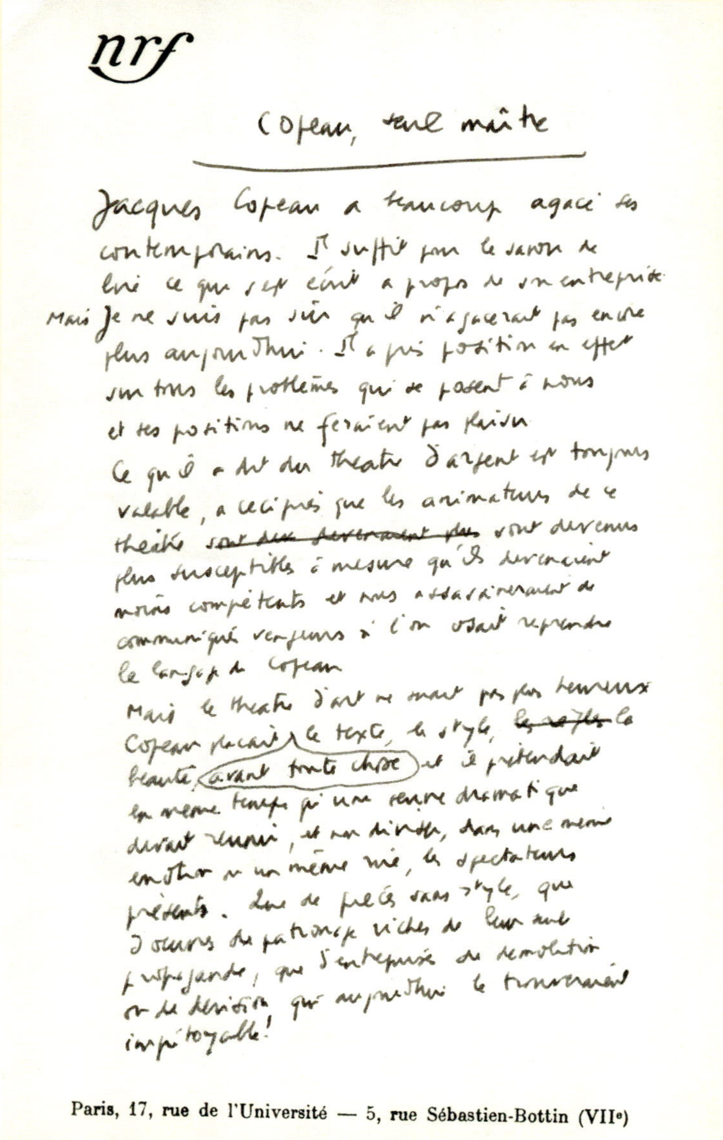

nrf

Copeau, seul maître

Jacques Copeau a beaucoup agacé ses contemporains. Il suffit pour le savoir de lire ce qui s'est écrit à propos de son entreprise.
Mais je ne suis pas sûr qu'il n'agacerait pas encore plus aujourd'hui. Il a pris position en effet sur tous les problèmes qui se posent à nous et ses positions ne feraient pas plaisir.
Ce qu'il a dit du théâtre d'argent est toujours valable, à ceci près que les animateurs de ce théâtre [illegible] sont devenus plus susceptibles à mesure qu'ils devenaient moins compétents et nous assassineraient de communiqués vengeurs si l'on osait reprendre le langage de Copeau.
Mais le théâtre d'art ne serait pas plus heureux. Copeau plaçait le texte, le style, [illegible] la beauté avant toute chose et il prétendait en même temps qu'une œuvre dramatique devait réunir, et non diviser, dans une même émotion et un même rire, les spectateurs présents. Las de pièces sans style, que d'œuvres de patronage riches de leur seule propagande, que d'entreprises de démolition ou de dérision qu'aujourd'hui le trouveraient impitoyable!

Paris, 17, rue de l'Université — 5, rue Sébastien-Bottin (VIIe)

3

4

卡尔·德·维基亚尼：“你在创立劳动剧社之前，读过什么关于戏剧的书？”

阿尔贝·加缪：“雅克·科博，仅此而已。我还认为他是最伟大的改革者——也是教给我这种艺术的老师。”

《散乱的文章》

1，2 - 加缪总是在身边藏有一幅尼采的照片，此幅是放在舍纳莱依街的住所的壁炉上的。在照片的背面，加缪写道：“疯子尼采的照片……它经常在我面前，给我勇气。”作为友谊的见证，加缪将此照片塞进他的邻居勒内·夏尔的门下。

3 - 加缪向雅克·科博的作品致敬。

4 - 雅克·科博和安德烈·纪德参与了《新法兰西评论》的创建。但是，是他关于戏剧的文章打动了加缪：“在法国戏剧的历史上有两个时代：科博之前和科博之后。”

5 - 宣布诺贝尔奖的时候，加缪说：“应该是马尔罗获奖的。”

5

“我跟一个充满机智、热情似火、杂乱无章的人度过了激情洋溢的一个钟头。”

《加缪传》，奥利维·托德，伽利玛出版社，1996年

"少年爱着海滩（夜落在大海上），
还有满天星斗的夜。"

《第一个人》，附录

1

2

活水的溪流，稀有的清澈，掠过了某种像彩虹一样的东西。人们可以浸入双手，感觉到水在他的指间流动或停滞。时光死而复生。奇迹更新，这溪流令我欣喜。这是仙女的声音，她歌唱而不自觉，她用脚步和手臂的姿态歌唱。

《毛毡呢之书》

1 - 西蒙娜·依埃，阿尔贝·加缪的第一位配偶。他们分开之后，加缪还与西蒙娜·依埃的母亲索格莱太太有联系。他有两篇文章献给西蒙娜·依埃：《毛毡呢之书》和《贫民区的声音》。

2 - 西蒙娜·依埃家的别墅，在七大奇迹居民区。1934年，夫妇俩居住在此。

3 - 阿尔及尔海岸的蒂巴萨古迹。

4 - 米莱伊·贝尼斯蒂、阿尔贝·加缪和西蒙娜·依埃在蒂巴萨废墟。

5 - 西蒙娜·依埃和阿尔贝·加缪。

3

走了几步之后，苦艾的气味就呛得我们喉咙难受。它那灰色的绒毛盖满了无际的废墟。它的精华在热气中蒸腾，从地上到天上弥漫着一种慷慨的酒气，天都为之摇晃了。我们迎着爱情和欲望走去。我们不寻求什么教训，也不寻求伟人所要求的那种苦涩的哲学。阳光之外，亲吻之外，原野的香气之外，一切对我们来说都微不足道。而我，我不想一个人独自来到这里。我经常和我喜欢的那些人一起来，我在他们的脸上看到了明媚的微笑，那是充满爱的脸呈现出来的微笑。这里，我把秩序和节制留给别人去说。这是自然的大放纵，这是大海的大放纵，我整个儿地被抓住了。

《婚礼集·蒂巴萨的婚礼》

4

5

1 - 在让·格勒尼埃的推动下，哲学班的中学生于1931年创办了《南方》这个“文学和艺术杂志”，阿尔贝·加缪参与其中。

2, 3, 4, 5 - 加缪的九本笔记本，里面是一些思考和草稿，后来伽利玛出版社以《加缪笔记》为名出版了三卷。《加缪笔记 I》的封面和手写页，以及《笔记VII》的打印稿。

6 - 加缪在阿尔及尔广播电台剧团中演出，所用的名字是阿尔贝·法尔奈兹。1937年，他在泰奥多尔·德·班维尔的《格兰格鲁瓦》中扮演奥利维·勒丹（左起第一）。

7 - 加缪在阿尔及尔广播电台主持文学节目。这是一场“有趣和启示性”的演讲的通知。

> “我知道现在我要写作了。[……]但在我，我的文章出自我的幸福。哪怕是出自残酷的东西。写作也不可或缺，正如游泳不可或缺，因为我的身体需要。”
>
> 《加缪笔记，1935—1948》

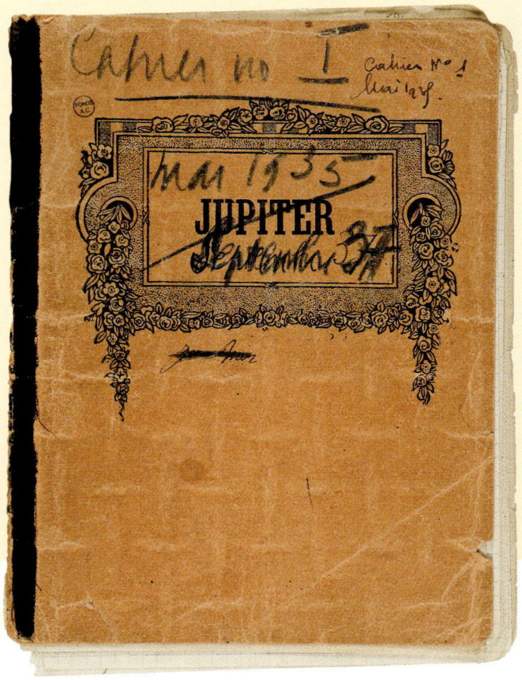


2

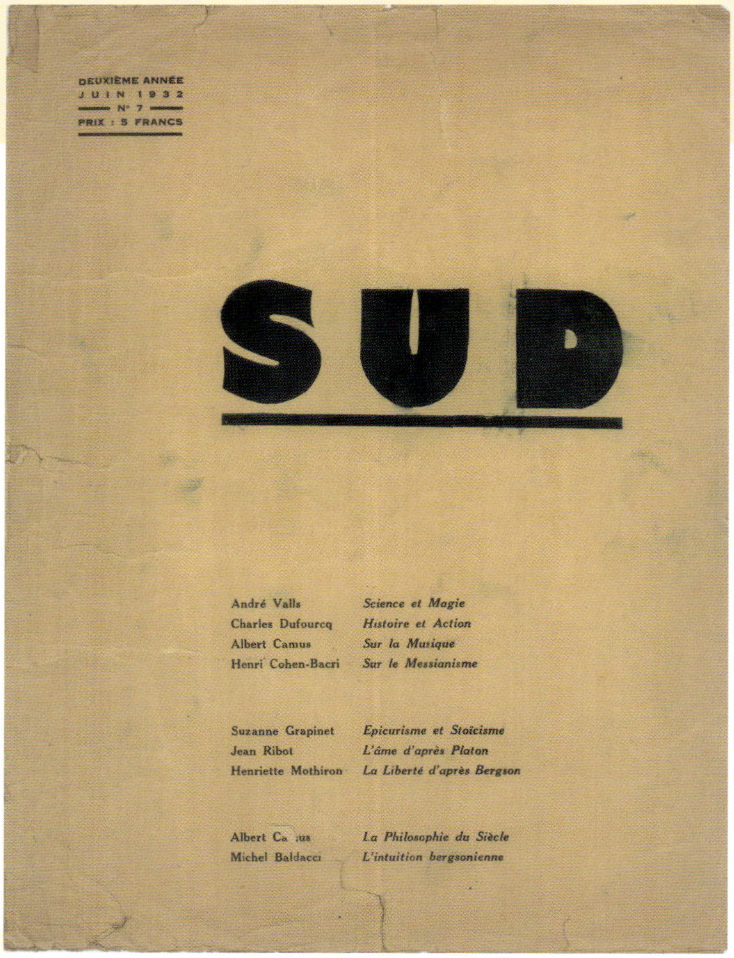

DEUXIÈME ANNÉE
JUIN 1932
N° 7
PRIX : 5 FRANCS

SUD

| | |
|---|---|
| André Valls | *Science et Magie* |
| Charles Dufourcq | *Histoire et Action* |
| Albert Camus | *Sur la Musique* |
| Henri Cohen-Bacri | *Sur le Messianisme* |
| Suzanne Grapinet | *Epicurisme et Stoïcisme* |
| Jean Ribot | *L'âme d'après Platon* |
| Henriette Mothiron | *La Liberté d'après Bergson* |
| Albert Camus | *La Philosophie du Siècle* |
| Michel Baldacci | *L'intuition bergsonienne* |

1

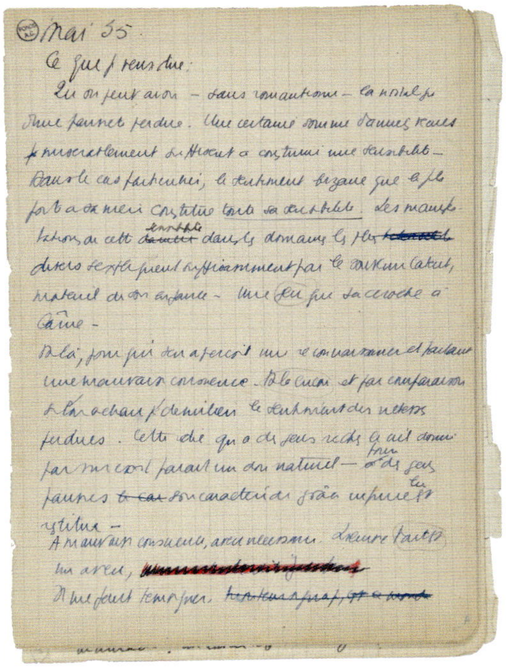

Mai 35

Ce que je veux dire :

3

- 20 -

Le pire des destins, c'est [illegible] humain. Je le sais d'expérience. Et ce [illegible] tentation après des années d'éclat et de force. J'y ai cédé, assez pour être désormais instruit, et puis j'en suis sorti.

L'injustice hypocrite amène les guerres. La justice violente les précipite.

---

Le marxisme fait à la société jacobine et bourgeoise le meme reproche que faisait le christianisme à l'hellenisme: intellectualisme et formalisme.

---

Pièce. Il rentre de la guerre. Rien de changé sauf ceci qu'il ne parle que poétiquement.

---

Emerson: Tout mur est une porte.

---

Ne jamais ~~xxxx~~ attaquer personne surtout dans des écrits. Le temps des critiques et de la polémique est fini. Création.

---

Supprimer totalement ~~xxxxxxxxxx~~ la critique et la polémique Désormais, la seule et constante affirmation.

---

Overbeck a eu l'impression que la folie de Nietzsche était une simulation. Impression que m'a toujours donné n'importe quel dément. L'amour peut-être est ainsi. Pour moitié, une simulation.

---

La " limite " doit être la vérité, de tous. Elle est la mienne dans la mesure où je suis à tous, Mais pour moi seul: la vérité qu'on ne peut pas dire.

---

Guilloux, ~~de~~ Chamson: " Pour lui, l'autre n'est que l'interrupteur possible "

4

6

- 23 -

Mai - Que la vie est la plus forte - vérité, mais principe de toutes les lâchetés. Il faut penser le contraire ostensiblement.

---

Et les voilà qui meuglent: je suis immoraliste.

Traduction: j'ai besoin de me donner une morale. Avoue-le donc, imbécile. Moi aussi.

---

L'autre cloche: il faut être simple, vrai, pas de littérature - accepter et se donner.

~~D'accord.~~ Mais nous ne faisons que ça - [Si on est bien persuadé de l'in-désespoir, il faut agir comme si on espérait- ou se tuer.

Le souffrance ne donne pas de droits.

~~Comme si la souffrance leur donnait des droits!~~

---

Intellectuel ? oui. Et ne jamais renier. Intellectuel= celui qui se dédouble. Ca me plait. Je suis content d'etre les deux. "Si ça peut s'unir?" Question pratique. Il faut s'y mettre.

" Je méprise l'intelligence" = "signifie en réalité je ne peux supporter mes doutes"

Je préfère tenir les yeux ouverts.

5

Chers auditeurs,

On annonce la venue à Alger de l'écrivain Claude Aveline.
Vous le connaissez tous peu ou prou. Louis Martin-Chauffier nous le présente comme « Un grand garçon mince, un peu courbé, à l'air doux et presque timide, parlant sans violence... mais persuasif et charmeur. »
C'est l'influence de Anatole France qui amena Claude Aveline à la littérature et à l'action. Éditeur, en même temps qu'essayiste, c'est seulement après avoir connu le vieil écrivain que Claude Aveline publia les ouvrages qui ont fait sa célébrité. " Le prisonnier ", " Madame Maillart ", " La fin de Madame Maillart ", etc...
On croit d'ordinaire que ce sont les grands sentiments qui font la vie d'un homme. Et pourtant c'est aux impondérables du cœur, à ses frémissements subtils et sans cause que nous devons le meilleur et le plus tragique de nous-mêmes. Cela Claude Aveline l'a compris. S'il s'attache à un être c'est la fois pour ce qu'il enferme et pour ce qui le renferme. — au prisonnier tout autant qu'au conquérant—. Des heures tissées tout le long des battements d'une montre, les mille détails précis qui frangent tous nos gestes (tapis usés, rideaux de couleur mal définis)... voilà le champs où creuse la sensibilité d' Aveline.
Le miracle, c'est qu'une pareille sensibilité, si près de se reployer, de se confondre avec le vieil individualisme des symbolistes, ait pourtant retrouvé le chemin de la vie. Une fois de plus, c'est l'individu qui fait route vers les hommes. C'est toujours à la faveur d'un raidissement contre soi qu'on prend conscience de ses vérités secrètes. En se tournant vers la misère du monde, Aveline a entrevu la fécondité de son propre drame. C'est une chose émouvante et singulière que de voir une époque si riche en individus, oser tant de gestes de fraternité. Aveline est de ceux qui loin de leurs inquiétudes personnelles, tentent de tracer une route vers l'esprit et la jeunesse du monde.
Ceci explique son œuvre : son ardeur, son âpreté secrète, son mépris et dans le même temps ses nuances, sa tendresse, et la délicatesse de son style. Cet équilibre singulier, c'est à Anatole France qu'il en donne tout le mérite. Aussi pouvons-nous nous attendre à ce que la conférence annoncée pour lundi prochain à la salle Pierre Bordes sur Anatole France précisément, soit particulièrement intéressante et révélatrice.

Radio Alger, Vendredi I9 février I937

7

1, 2 - 1935年，阿尔贝·加缪开始撰写《笔记》，他参加了由亨利·巴比塞和罗曼·罗兰发起的反法西斯运动，其中共产党起着重要作用。在让·格勒尼埃的建议下，加缪（短时间）参加了共产党，为此他建立了剧团：劳动剧团。剧团的第一篇文章《阿斯杜里起义》，描述了那个历史时刻：西班牙战争的前奏。

3 - 加缪改编的《被缚的普罗米修斯》的手稿。

4, 5 - 路易·贝尼斯蒂为埃斯库罗斯的《被缚的普罗米修斯》所画的素描，该剧由加缪的劳动剧团搬上舞台。

ÉLECTIONS LÉGISLATIVES
PARTI COMMUNISTE
Le Vendredi 10 Avril à 18 h. 30, au Casino Bastrana, le Parti Communiste presentera les Candidats de l'Oranie dans une
GRANDE REUNION
Publique et Contradictoire
sous la présidence du Camarade Caillet
candidat communiste à Mostaganem - Perrégaux
Le camarade ZANNETTACCI
candidat, EXPOSERA LE PROGRAMME DU PARTI COMMUNISTE
assisté des Camarades
BEAUVINEAU candidat communiste à Bel-Abbès DESRIAUX délégué à la propagande
Nous invitons MM. GATUING et LAMBERT à venir apporter la contradiction.
La Réunion commencera à 18 h. 30 précises
Vu: Le CANDIDAT

1

我们说，这是集体创作的一个尝试。的确是这样。它的唯一的价值来源于此。也正是因此，以意图的名义，它在不那么合适的范围内，即戏剧中引入行动。行动最终导向死亡，这就足够了。这里的情况正是这样，它涉及人所特有的伟大的某种形式，即荒诞。

这就是为什么如果需要选择另一个题目，我们会选择《雪》的缘故。人们会看到为什么。十一月，雪就覆盖了阿斯杜里山脉。两年前，它覆盖了被宪兵团枪杀的同志们的尸体。历史没有记住他们的名字。

《阿斯杜里起义》

“您建议我加入共产党，您是有道理的。我从巴利阿里群岛回来就做这件事。我承认，一切都把我引向他们，我决定接受这种体验。我对共产主义有障碍，我应该更好地体验这些障碍。我将会更清楚地看到他们的计划，更清楚地看到某些论据的价值。”

阿尔贝·加缪给让·格勒尼埃的信，1935年8月21日

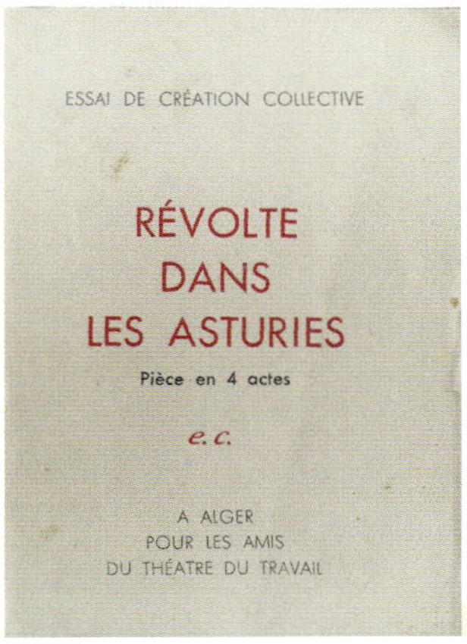
ESSAI DE CRÉATION COLLECTIVE
RÉVOLTE DANS LES ASTURIES
Pièce en 4 actes
e.c.
A ALGER POUR LES AMIS DU THÉÂTRE DU TRAVAIL

2

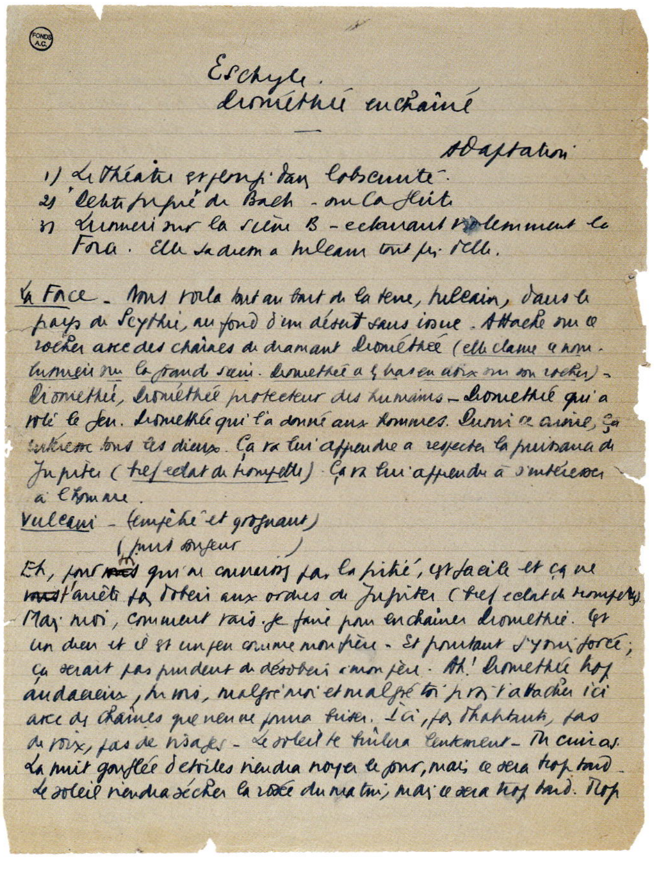
Eschyle
Prométhée enchaîné
Adaptation

3

“那是唯一的时刻，您有理由强调这一点，我拒绝赞同您的意见。我不明白，您竟建议我成为一个共产主义者，而您却在此后采取了反对共产主义的立场。我当时理解您的立场，我后来也向您解释了。但是，当时的体验对我而言太痛苦了（现在我很高兴），在那种情况下保持清醒很痛苦。说到这一点，让我告诉您我是如何退党的。”

阿尔贝·加缪给让·格勒尼埃的信，
1951年9月18日

5

4

“这种对任何事物都不分离、不排除的令人钦佩的意志，将一如既往地使人痛苦的心灵与世界的春天达成和解。”

《夏天集·普罗米修斯在地狱》

“面朝世界的小屋不是供人嬉戏的小屋，而是让人幸福的小屋。”

《加缪笔记，1935—1948》

1

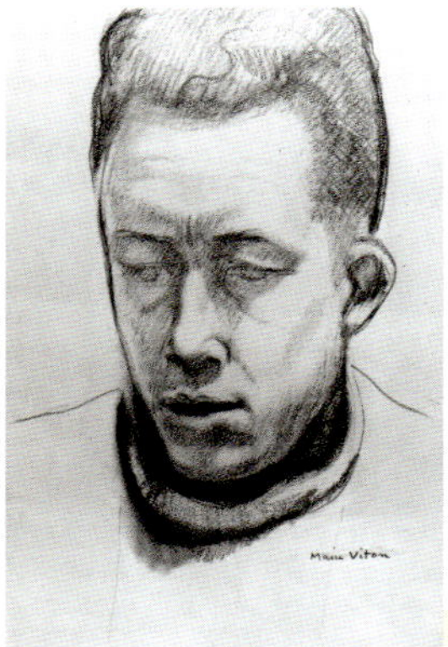
2

3

1 - 寄给玛格丽特·多布莱纳的自画漫画像。

2 - 玛丽·维东画的阿尔贝·加缪肖像，她在劳动剧团负责服装。

3 - 路易·贝尼斯蒂的绘画《面朝世界的小屋》，表现了阿尔贝·加缪、玛格丽特·多布莱纳、安娜·西卡尔和克里斯蒂娜·迦兰多租用的一处居所。

4 - 1936年底，二十三岁的年轻人加缪在阿尔及尔米什莱大街的家里。

5 - 加缪和他的狗吉尔克（向吉尔克致敬）在“面朝世界的小屋”里，背后是拉乌尔·杜飞的石版画《浴女》。

6 - 少见的照片，加缪演奏乐器。

我有同志，
和一座面朝世界的小屋。
在无尽的晨与昏
白昼转圈，
绕着我们的静默。（重复）

那里，世界停滞，
友谊产生，
对透明度固执的愿望
定义了自由
我们的小屋向前。（重复）

但在蓝天上，
世界笑了，满不在乎，
几个小时的同志们，
生命是一抹游荡的微笑，
是热爱逝者的奇迹。（重复）

《幸福的死·附录》

4

5

6

“[……]排练结束了，我们看到一个高大的年轻人朝我们[……]走来，他向我欠了欠身，伸出手来，大手张得很开，很热情，一只激动的手。”

布朗什·巴兰，《旁白叙述者》，1937—1938年的自传性记述

1

至少现在，波浪穿过金色花粉颤动的空间扑到我的脚下，在沙滩上散开。大海，原野，寂静，土地的芬芳，我周身充盈着香气四溢的生命，我咬住世界的这枚金色的果子，心潮澎湃，感到甜蜜浓稠的汁液顺着嘴唇流淌。不，我不算什么，世界也不算什么，重要的仅仅是使我们之间产生爱情的那种和谐与寂静。我并非软弱到只为自己要求这爱情，而是自觉且骄傲地与整个人类分享；这人类生自太阳，生自大海，生机勃勃、有滋有味，他从淳朴中汲取伟大，他站在海滩上，对天空明亮的微笑回报以会心一笑。

《婚礼集·蒂巴萨的婚礼》

2

3

4

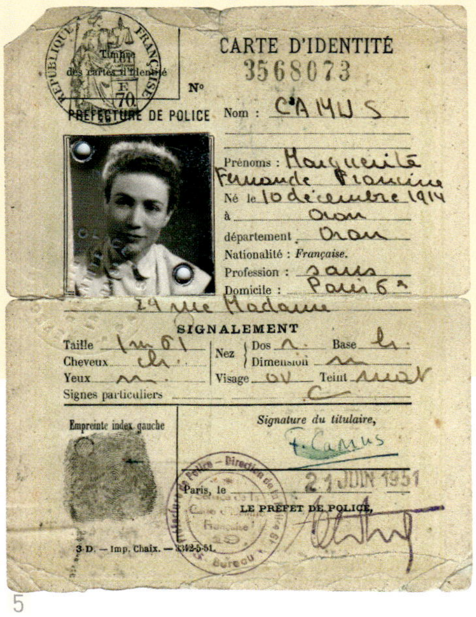

CARTE D'IDENTITÉ

No 3568073

PRÉFECTURE DE POLICE

Nom : CAMUS

Prénoms : Marguerite Fernande Francine

Né le 10 décembre 1914

à Oran

département Oran

Nationalité : Française.

Profession : sans

Domicile : Paris 6e

29 rue Madame

SIGNALEMENT

Taille 1m 61 | Nez Dos r Base h

Cheveux ch | Dimension m

Yeux m | Visage ov | Teint mat

Signes particuliers

Empreinte index gauche

Signature du titulaire, F. Camus

Paris, le 21 JUIN 1951

LE PRÉFET DE POLICE

3-D. — Imp. Chaix. — 3342-5-51.

5

1 - 第一次婚姻失败之后，加缪重新发现了生活在女朋友身边的兴趣。

2 - 1935年在蒂巴萨的一天，与克里斯蒂安·迦兰多（左起第一人）、玛德莱娜·约索和罗贝尔·约索。

3 - 1937年，加缪遇见了弗朗西娜·福尔，奥兰人，钢琴家和数学家。她来到阿尔及尔是为了进入数学高级班，因为在奥兰不接受女生。

4 - 玛格丽特·多布莱纳。

5 - 弗朗西娜·福尔的身份证，她于1940年嫁给加缪。

“抱紧一个女人的身体，就像是抱紧从天空落入的大海那种奇特的快乐。”

《婚礼集·蒂巴萨的婚礼》

“我在这里明白了什么是光荣，那就是无限度的爱的权利。”

《婚礼集·蒂巴萨的婚礼》

1

2

“首先是感受蒂巴萨，然后证明和艺术品自然会出现。这里有一种自由。”

《婚礼集·蒂巴萨的婚礼》

3

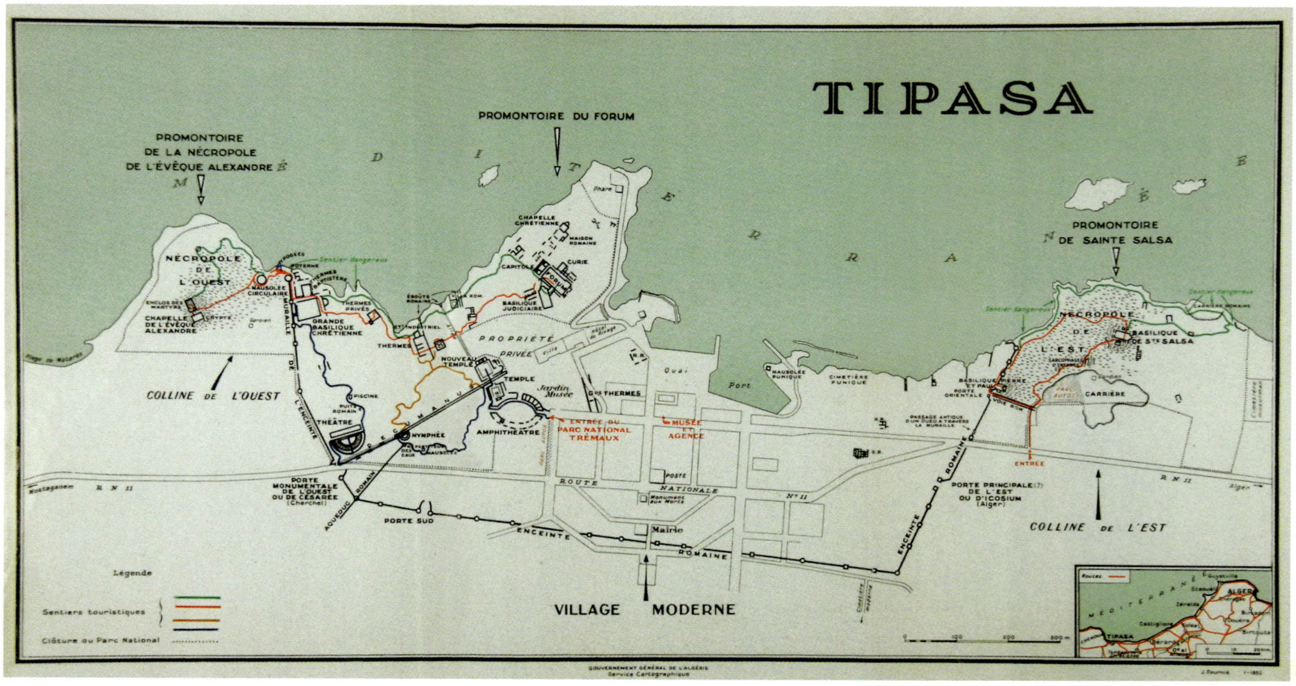


4

1至4，6至9 - 在距离阿尔及尔68公里的蒂巴萨的中心，加缪喜欢和他的朋友们一起呼吸自由之风。在阿尔及尔的废墟之中，在天与海之间，诞生了《杰米拉的风》和《阿尔及尔的夏天》。

5 - 阿尔贝·加缪、克里斯蒂安·迦兰多、伊沃娜·米亚隆和玛德莱娜·约索。

5

“春天，蒂巴萨住满了神祇，在阳光和苦艾的气味中，在披挂着银甲的大海上，在深蓝色的天空中，在铺满了鲜花的废墟上，在沸腾于乱石堆里的光亮中，他们说着话。”

《婚礼集·蒂巴萨的婚礼》

“这是我们在进入废墟王国之前，最后一次做旁观者。”

《婚礼集·蒂巴萨的婚礼》

6

7

8

9

西绪福斯的全部沉默的喜悦就在这里。他的命运出现在面前。他的巨石是他的事情。同样，当他静观痛苦时，这个荒诞的人使一切偶像缄默不语。在突然归于寂静的宇宙中，大地的成千上万细小的惊叹声就起来了。无意识的、隐秘的呼唤，各种面孔的邀请，都是必要的反面和胜利的代价。没有不带阴影的太阳，应该了解黑夜。荒诞的人说“是”，于是他的努力便没有间断了。[……] 这个从此没有主人的宇宙对他不再是没有结果和虚幻的。这块石头的每一细粒，这座黑夜笼罩的大山的每一道矿物的光芒，都只对他形成了一个世界。登上顶峰的斗争本身足以充实人的心灵。

《西绪福斯神话》

## 觉醒　行动　1937—1945

“至于我，面对这世界，我不愿撒谎，也不愿别人对我撒谎。”

《婚礼集·杰米拉的风》

“[……] 真理是生长的事物，它会变得强大。它是一件有待完成的事业。正是这个事业，必须在纸上和生活中用全部清醒的才能加以完成。”

《没有明天》

1 -《诗与戏剧》是阿尔贝·加缪为夏尔洛出版社主编的一套丛书。其中出版了不同的文化和外国作家的作品。封面是彼埃尔·福舍设计的，他是一位有名的建筑师和美术图案设计者，勒科尔布奇埃的朋友。

2 - 埃德蒙·夏尔洛比阿尔贝·加缪小两岁，他确信加缪的作家才能，决定出版《反与正》时才二十一岁。

3 - 夏尔洛出版社遇到困难，阿尔贝·加缪和他的朋友克洛德·弗雷曼维尔继续创办加弗雷出版社（“加”指加缪，“弗雷”指弗雷曼维尔），他们出版了四本著作。

4, 5 - “真正的财富”是夏尔洛的书店，很快成为阿尔及尔学生青年聚会的场所。

“加缪为我们的活动确定了大方向，主持了《诗与戏剧》的编辑工作，为我们六套主要丛书撰写了声明。”

埃德蒙·夏尔洛，《黄土》杂志，第18、19期，1985年1月

1

2

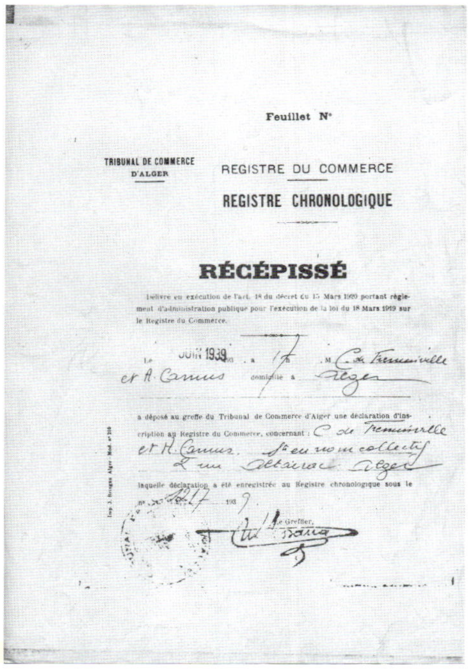
Feuillet N°

TRIBUNAL DE COMMERCE D'ALGER

REGISTRE DU COMMERCE

REGISTRE CHRONOLOGIQUE

RÉCÉPISSÉ

Délivré en exécution de l'art. 18 du décret du 15 Mars 1920 portant règlement d'administration publique pour l'exécution de la loi du 18 Mars 1919 sur le Registre du Commerce.

Le JUIN 1939 à 17 h M C. de Fréminville et A. Camus domicilié à Alger

a déposé au greffe du Tribunal de Commerce d'Alger une déclaration d'inscription au Registre du Commerce, concernant : C. de Fréminville et A. Camus, Sté en nom collectif

laquelle déclaration a été enregistrée au Registre chronologique sous le n° 1217 1939.

Le Greffier,

3

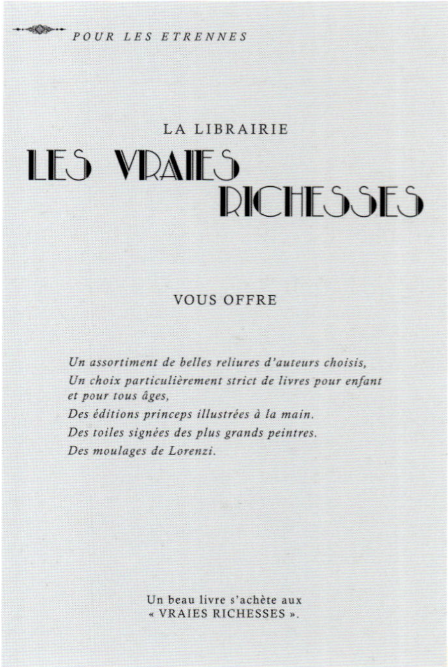
POUR LES ETRENNES

LA LIBRAIRIE

LES VRAIES RICHESSES

VOUS OFFRE

*Un assortiment de belles reliures d'auteurs choisis,*
*Un choix particulièrement strict de livres pour enfant et pour tous âges,*
*Des éditions princeps illustrées à la main.*
*Des toiles signées des plus grands peintres.*
*Des moulages de Lorenzi.*

Un beau livre s'achète aux « VRAIES RICHESSES ».

4

5

1, 3 - 1937年，阿尔贝·加缪二十四岁，在夏尔洛出版社出版了献给让·格勒尼埃的《反与正》。

2 -《幸福的死》的题目手稿。1938年，加缪写了两部小说，《幸福的死》没有完成，手稿在他去世后于1971年出版，另一部是《局外人》。

4 -《反与正》的一页手稿。

5, 6 -《反与正》手稿。这部作品曾多次修订。

2

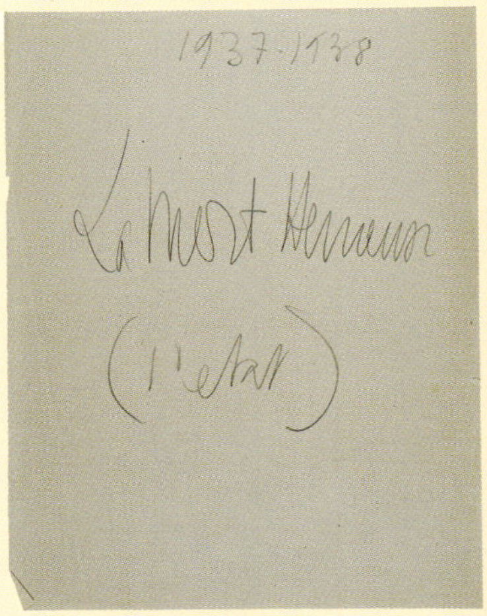


“对我来说，我越来越发现写作的艰难。我越来越感觉到我离不开它，什么也超不过这种有益的努力。[……] 我有一些庞大的计划，需要工作好几年来实现。”

阿尔贝·加缪给雅克·厄格隆的信，1939年7月7日

1

“[……] 他感觉到与母亲的联系。仿佛她就是他的心的无边的怜悯，散布在他的周围，变成他肉体的一部分，不考虑是否欺骗，用心地扮演拥有感人命运的贫穷老妇人的角色。”

《反与正》，序言

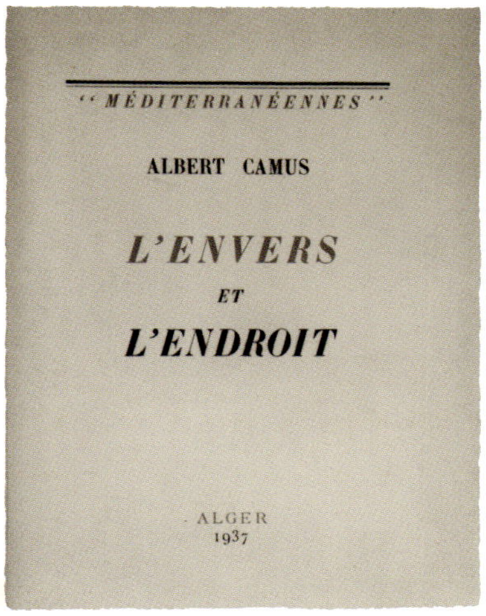


3

“这个集子中的随笔写于1935年和1936年（当时我二十二岁），一年之后在阿尔及尔出版，印量很少。[……]一个人在二十二岁的时候还不大会写作，除非他是个天才。但是[……]在这些笨拙的篇章中比在以后的篇章中有更多真实的爱。”

《反与正》，序言

4

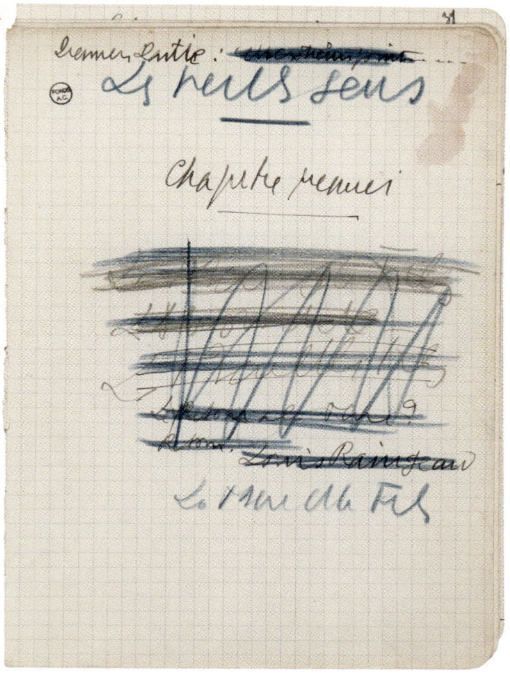


5

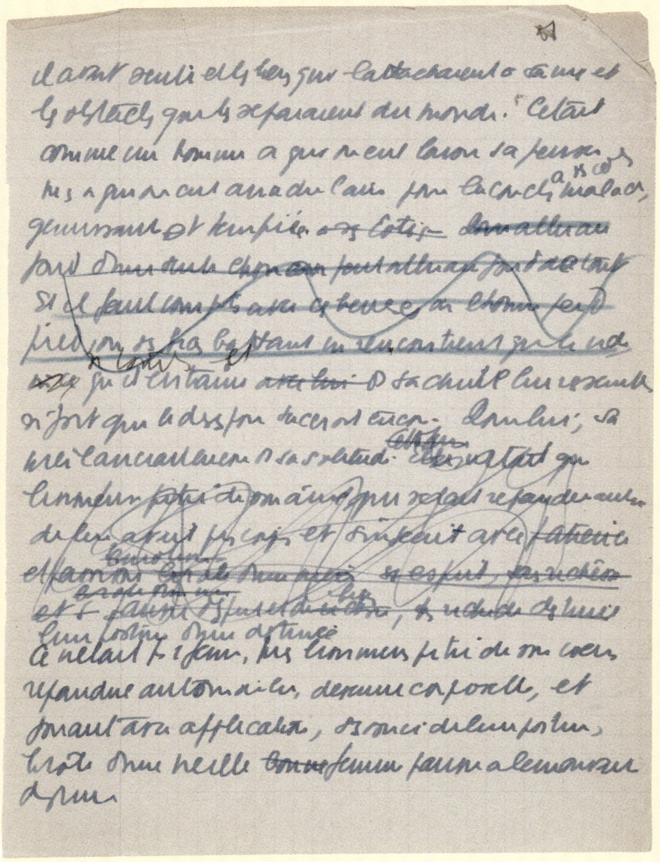

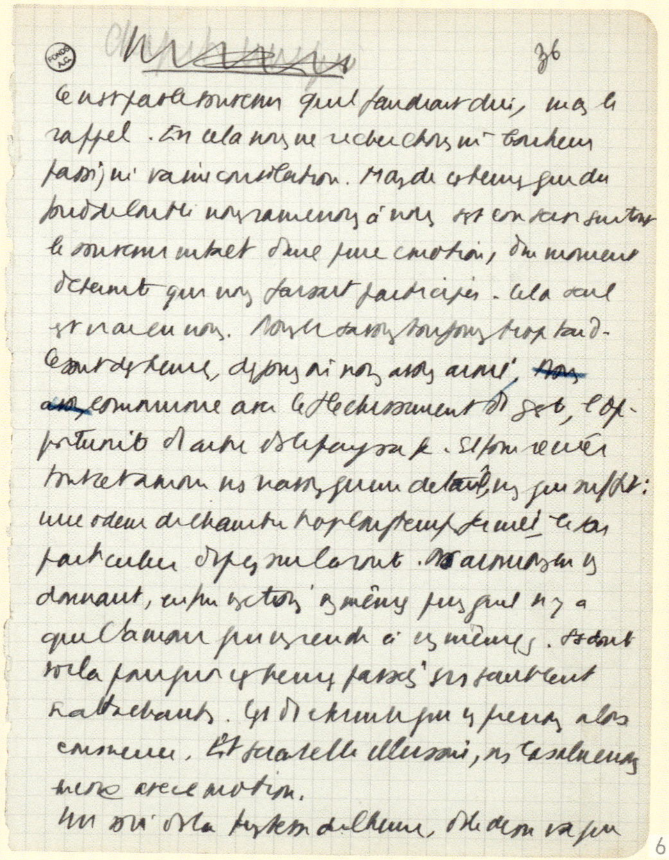

6

“它不停地吹着，用力地呼啸着穿过废墟，在一座土石围成的竞技场里旋转，吞没一大片饱受冰雹击打的巨石，用它的气息包围着每一根柱石，最后化作不断的呼喊散布在朝着天空开放的广场上。我觉得我像桅杆在空中喀喀作响。我从内里被掏空，两眼火辣辣的，嘴唇爆裂，皮肤干得不像是我的了。过去，我是通过皮肤辨认世界的文字的。世界在上面留下它温情或愤怒的符号，用夏日的气息温暖它，或者用冰霜的牙齿噬咬它。然而，如此长久地被风揉搓，被风摇晃了一个多小时，冒冒失失地抵抗，我终于对我的肉体画出的图画丧失了意识。仿佛被海潮上了光的卵石，我被风磨光，直至灵魂。我变成了使我漂浮的力量的一小部分，然后是一大部分，最后我变成了它的全部，把我的血液的跳动和大自然无处不在的那颗心的轰轰作响的巨大搏动混为一体。风按照包围着我的那片灼热的荒芜的形象塑造我。它那倏忽即逝的拥抱给予我这些岩石中的一根石柱或夏日里直入云天的一棵橄榄树的孤独。”

《婚礼集·杰米拉的风》

“不，我不算什么，世界也不算什么，重要的仅仅是使我们之间产生爱情的那种和谐与寂静。我并非软弱到只为自己要求这爱情，而是自觉且骄傲地与整个人类分享；这人类生自太阳，生自大海，生机勃勃、有滋有味，他从淳朴中汲取伟大，他站在海滩上，对天空明亮的微笑回报以会心一笑。”

《婚礼集·蒂巴萨的婚礼》

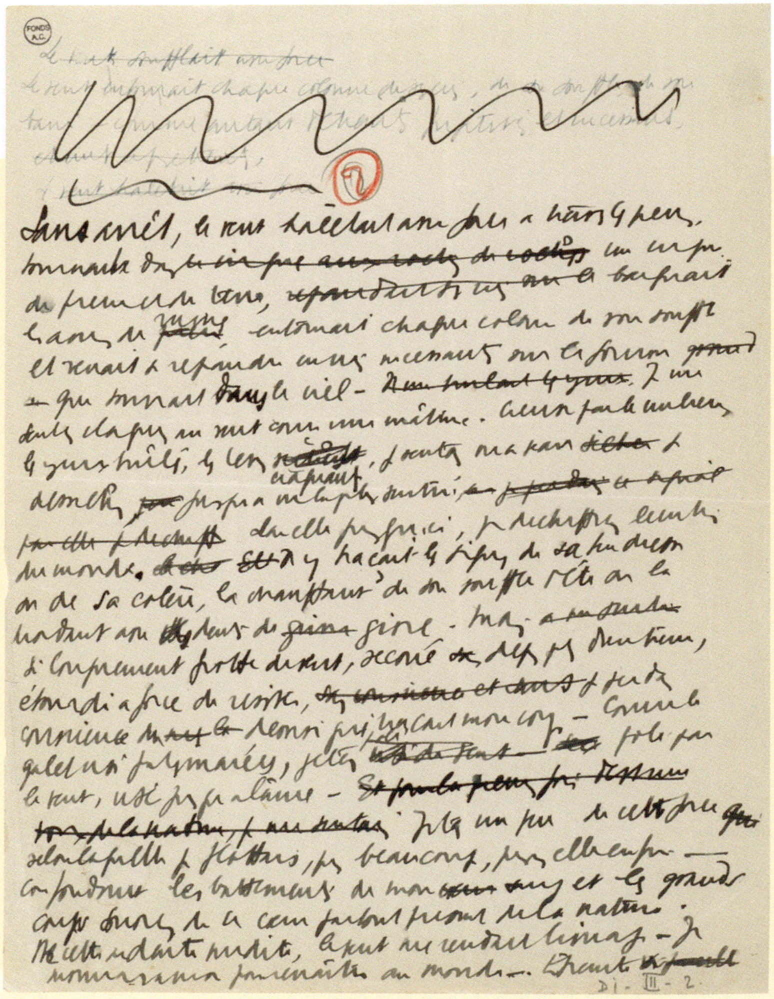

1

1, 2 -《婚礼集》中《杰米拉的风》的手稿。

3 - 1945年，加缪在布奇瓦尔。

4, 5 - 1939年，《婚礼集》首次在夏尔洛出版社出版。加缪当时二十六岁。这部著作是四篇文章的结集，是真正的抒情散文诗：《蒂巴萨的婚礼》、《杰米拉的风》、《阿尔及尔的夏天》和《沙漠》。

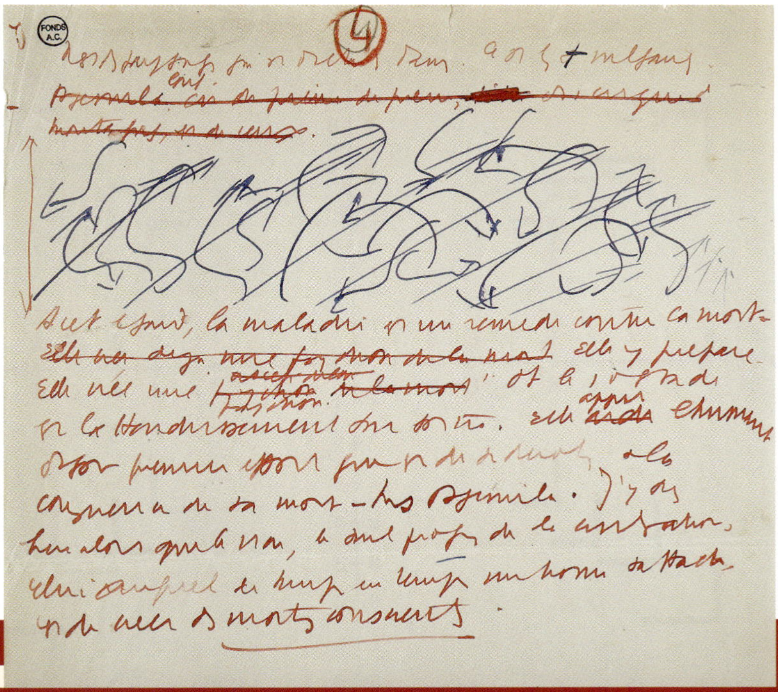

2

3

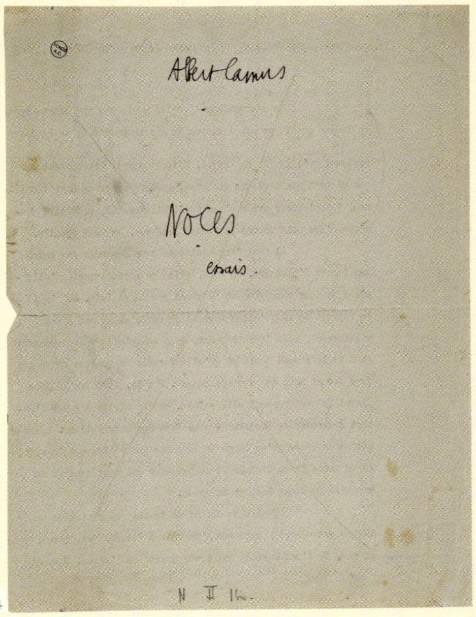
Albert Camus
Noces
essais.

4

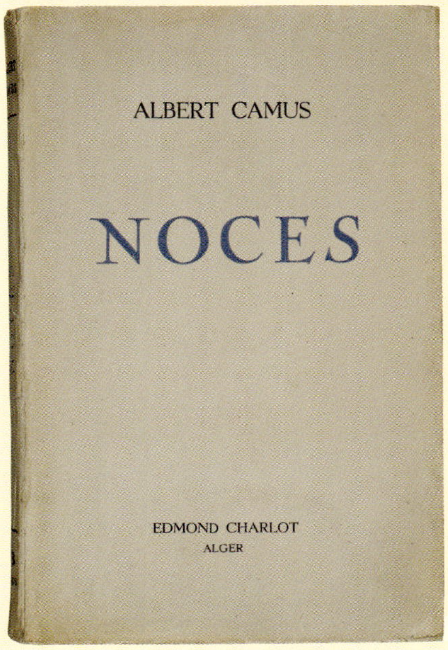
ALBERT CAMUS
NOCES
EDMOND CHARLOT
ALGER

5

［……］戏剧天然地服务于淳朴的、热烈的崇高情感，围着它转动着人的命运（仅仅是围着它）：爱情，欲望，野心，宗教。但另一方面，它又满足了艺术家的创造的自然需要。这种对立造就了戏剧，使它适于为生活服务，适于感动人。团结剧团将建立这种对立，就是说，它向作品要求真实和简单、情感上的暴烈和行动上的残酷。这样它就转向了生之爱与生之绝望混为一体的时代。

《团结剧团的宣言》，1939年1月21日

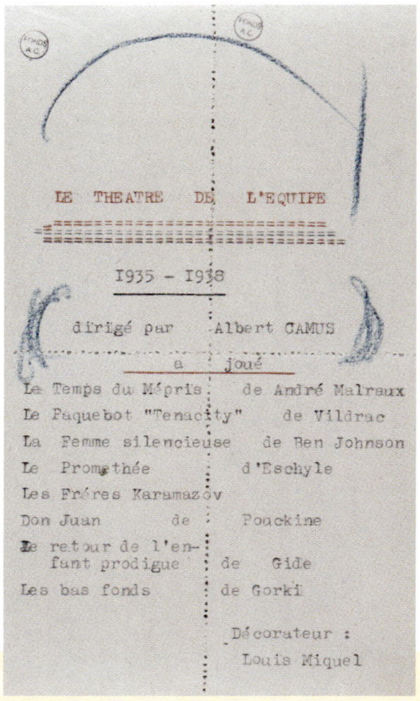
LE THEATRE DE L'EQUIPE

1935 - 1938

dirigé par Albert CAMUS

a joué

Le Temps du Mépris de André Malraux
Le Paquebot "Tenacity" de Vildrac
La Femme silencieuse de Ben Johnson
Le Promethée d'Eschyle
Les Fréres Karamazov
Don Juan de Pouckine
Le retour de l'enfant prodigue de Gide
Les bas fonds de Gorki

Décorateur :
Louis Miquel

1

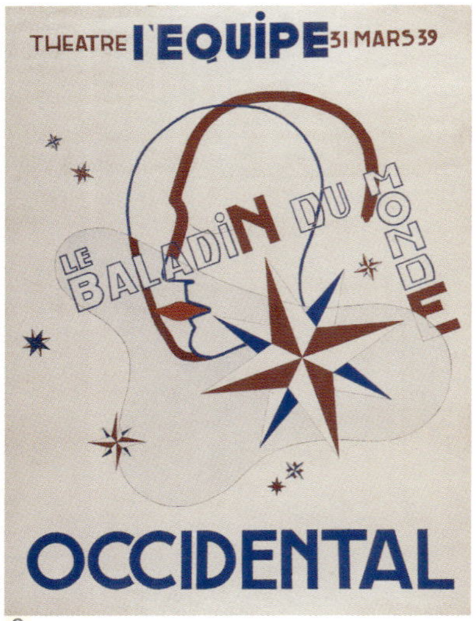


2

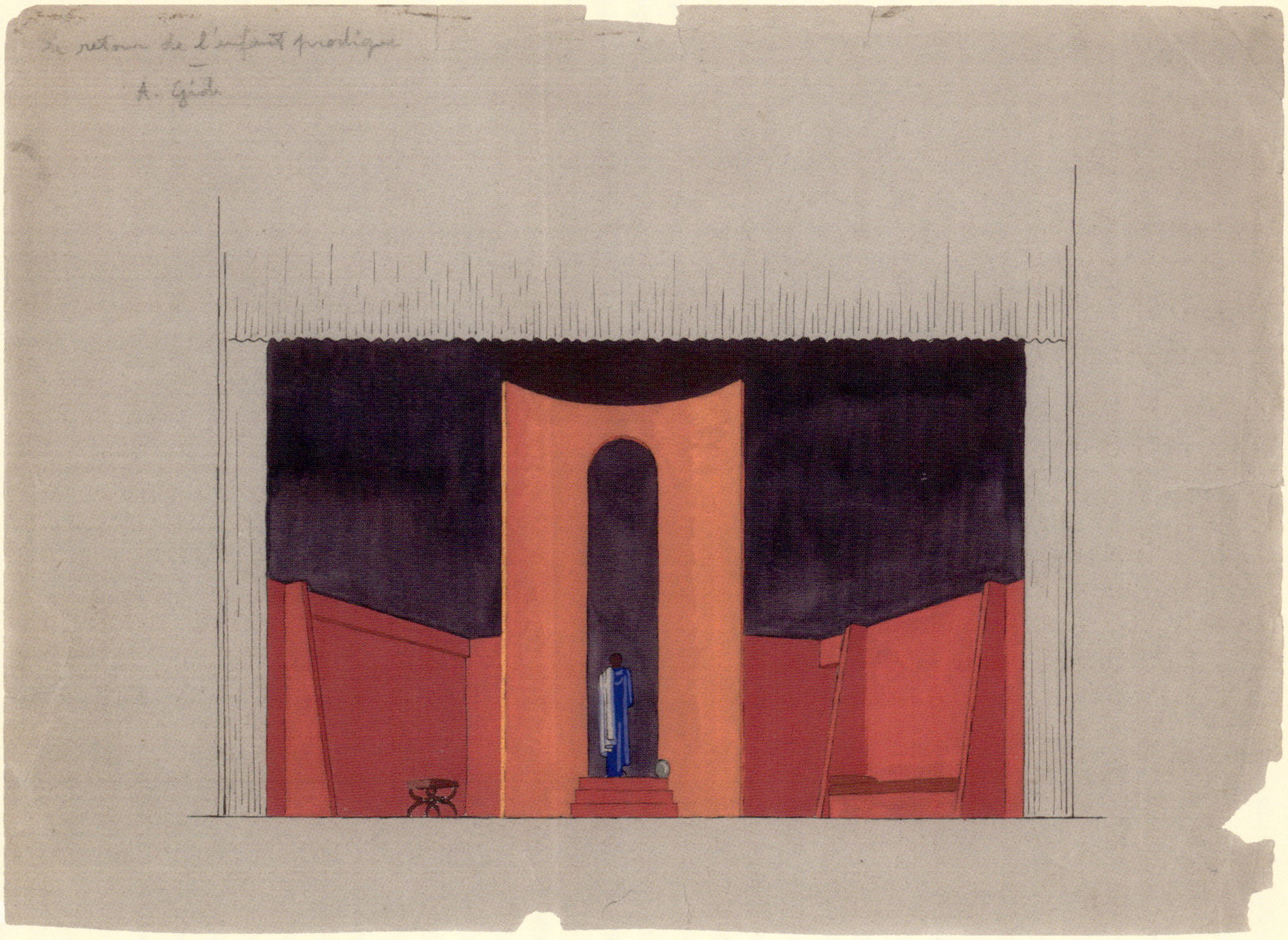


3

“团结剧团没有政治和宗教的成见，只想使它的观众成为朋友。”

《团结剧团》，说明

1, 2, 5 - 1935年到1938年团结剧团的海报和节目。人们可以看到剧团着力使人知道的作者、时代和戏剧来源的多样性：莎士比亚的《哈姆莱特》、马尔罗的《怀疑的时代》、埃斯库罗斯的《普罗米修斯》、陀思妥耶夫斯基的《卡拉马佐夫兄弟》和罗亚斯的《塞莱斯蒂娜》。

3 - 路易·米盖尔为安德烈·纪德的《浪子回头》所做的布景，后来用于演出。

4 -《顽强号战舰》，1938年，加缪导演和主演，他坐在右边。

6, 7 - 路易·贝尼斯蒂为费迪南多·罗亚斯的《塞莱斯蒂娜》所做的布景和服装设计，后来用于演出。

4

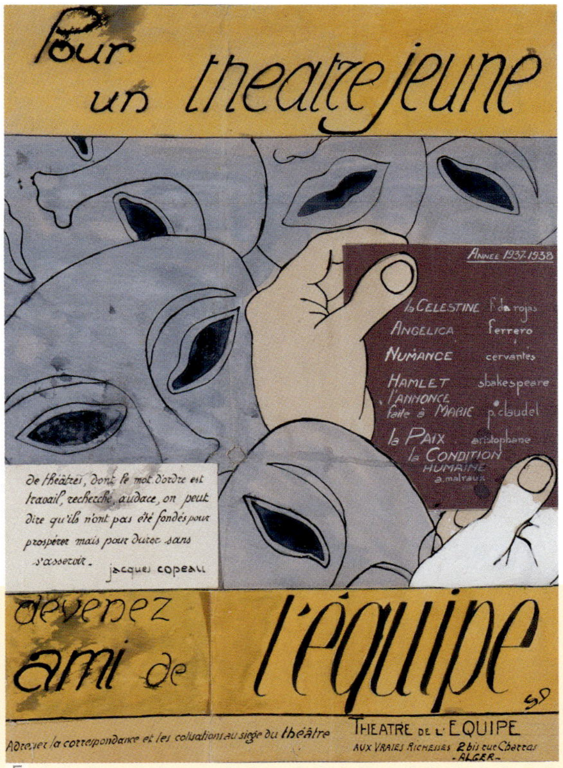


5

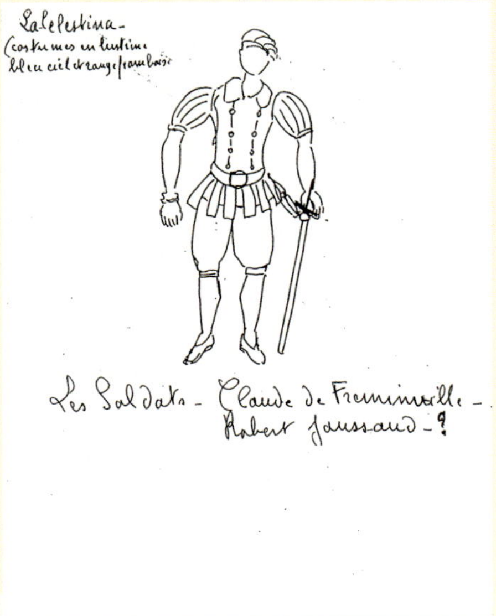


6

7

## 今日卡比里的唯一问题

我要来谈谈这种贫困。一切都来源于此，一切都回归于此。它是今日卡比里的唯一问题。但是这个问题是无数其他激起抗议的问题的根源。必须明白这一点，必须停止官方的沾沾自喜、停止求助于慈善。

然而，什么也不如数据、事实和明显的呐喊。我们把这些东西放在这种贫困上面。人们应该活生生地感觉到它。过多的人口、侮辱性的工资、悲惨的住房、缺水和缺少交通、不足的卫生设施和救助、吝啬的教育，这一切造成了卡比里农民的不幸，我们将举例说明这一切。

最后，不应该认为这种情况是不能解决的。卡比里人，他们可以相信。他们中有些人对我说了这样一句不能容忍的话："战争万岁，它至少能给我们吃的。"他们可以相信用荒诞医治荒诞。但是，我们知道这是不对的，我们。这种放弃一切、放弃所有人的做法，其原因不仅仅存在于经济危机之中。有不少错误需要纠正，有不少探索需要进行。

我们将说出对此的感受，没有保留地说出。因为，如果相信贝尔纳诺斯的话，耻辱，不在于掩盖真相，而在于不把它全部地说出来。

《阿尔及尔共和报》，"今日卡比里的唯一问题"，
"褴褛的希腊"，1939年6月5日

2

"（《阿尔及尔共和报》上的）文章源自不同的领域，从保卫阿尔及尔地方民主到争取'真正的和平'的战斗，经由阿尔及利亚人的政治和社会的解放、卡比里的贫困的描写、共和派西班牙的事业和新闻的道德。"

安德烈·巴布，《阿尔及尔共和报》

alger républicain

MISÈRE DE LA KABYLIE

I. — LA GRÈCE EN HAILLONS

« Vivement la guerre. On nous donnera de quoi manger... »

par Albert CAMUS

LE SEUL PROBLÈME DE LA KABYLIE D'AUJOURD'HUI

UNE DÉTRESSE INDICIBLE

DES SECOURS IMMÉDIATS

MISÈRE ET GRANDEUR DE LA KABYLIE

1

1 - 由于人民阵线的建立，帕斯卡尔·皮亚主编的《阿尔及尔共和报》于1936年创办，这是它的第一期。加缪二十六岁，为了谋生，他在身为作家和出版人的同时，成为新闻记者，为“阅览室”专栏写作，同时也为司法栏目写作。他呼吁为穆斯林进行改革，特别是他们的社会保险的权利。1939年6月6日至15日，加缪经过调查，在一系列文章中揭露了卡比里地区的苦难。

2 - 1938年或1939年，加缪与《阿尔及尔共和报》的团队在一起。

3 - 欧里博事件激怒了加缪，他在《阿尔及尔共和报》上揭露没有证据的指控。

“卡比里的苦难：在我所认识的国家中，没有一个像在卡比里一样，肉体受到如此的侮辱［……］这个地方的苦难是可怕的。［……］如果我想到卡比里，不是它鲜花盛开的峡谷，也不是我所提到的弥漫四方的春天，而是一长列盲人和残疾人，他们两颊凹陷，衣衫褴褛，在那些日子里静静地跟着我。”

《阿尔及尔共和报》，“褴褛的希腊”

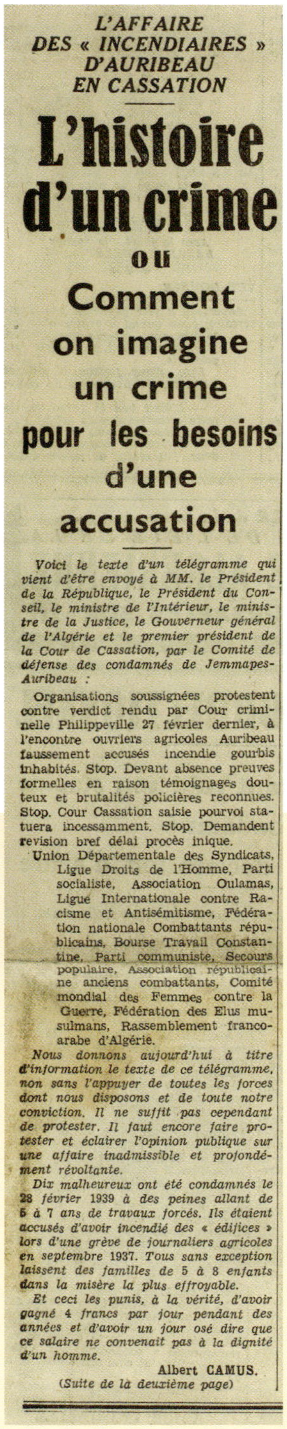

L'AFFAIRE
DES « INCENDIAIRES »
D'AURIBEAU
EN CASSATION

**L'histoire d'un crime**

**ou**

**Comment on imagine un crime pour les besoins d'une accusation**

*Voici le texte d'un télégramme qui vient d'être envoyé à MM. le Président de la République, le Président du Conseil, le ministre de l'Intérieur, le ministre de la Justice, le Gouverneur général de l'Algérie et le premier président de la Cour de Cassation, par le Comité de défense des condamnés de Jemmapes-Auribeau :*

Organisations soussignées protestent contre verdict rendu par Cour criminelle Philippeville 27 février dernier, à l'encontre ouvriers agricoles Auribeau faussement accusés incendie gourbis inhabités. Stop. Devant absence preuves formelles en raison témoignages douteux et brutalités policières reconnues. Stop. Cour Cassation saisie pourvoi statuera incessamment. Stop. Demandent revision bref délai procès inique.

Union Départementale des Syndicats, Ligue Droits de l'Homme, Parti socialiste, Association Oulamas, Ligue Internationale contre Racisme et Antisémitisme, Fédération nationale Combattants républicains, Bourse Travail Constantine, Parti communiste, Secours populaire, Association républicaine anciens combattants, Comité mondial des Femmes contre la Guerre, Fédération des Elus musulmans, Rassemblement franco-arabe d'Algérie.

*Nous donnons aujourd'hui à titre d'information le texte de ce télégramme, non sans l'appuyer de toutes les forces dont nous disposons et de toute notre conviction. Il ne suffit pas cependant de protester. Il faut encore faire protester et éclairer l'opinion publique sur une affaire inadmissible et profondément révoltante.*

*Dix malheureux ont été condamnés le 28 février 1939 à des peines allant de 5 à 7 ans de travaux forcés. Ils étaient accusés d'avoir incendié des « édifices » lors d'une grève de journaliers agricoles en septembre 1937. Tous sans exception laissent des familles de 5 à 8 enfants dans la misère la plus effroyable.*

*Et ceci les punis, à la vérité, d'avoir gagné 4 francs par jour pendant des années et d'avoir un jour osé dire que ce salaire ne convenait pas à la dignité d'un homme.*

Albert CAMUS.

(*Suite de la deuxième page*)

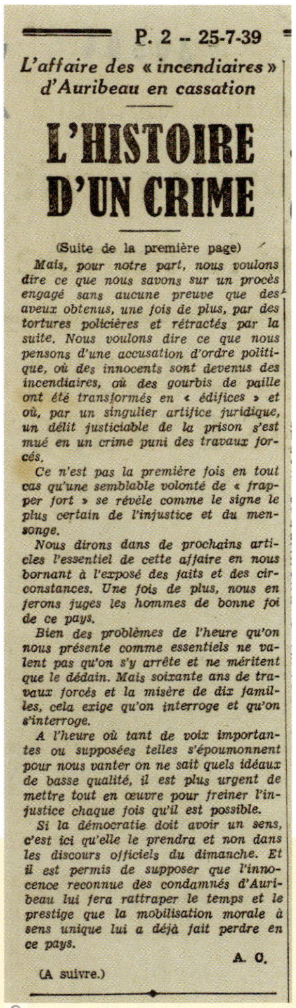

P. 2 -- 25-7-39

*L'affaire des « incendiaires » d'Auribeau en cassation*

**L'HISTOIRE D'UN CRIME**

(Suite de la première page)

*Mais, pour notre part, nous voulons dire ce que nous savons sur un procès engagé sans aucune preuve que des aveux obtenus, une fois de plus, par des tortures policières et rétractés par la suite. Nous voulons dire ce que nous pensons d'une accusation d'ordre politique, où des innocents sont devenus des incendiaires, où des gourbis de paille ont été transformés en « édifices » et où, par un singulier artifice juridique, un délit justiciable de la prison s'est mué en un crime puni des travaux forcés.*

*Ce n'est pas la première fois en tout cas qu'une semblable volonté de « frapper fort » se révèle comme le signe le plus certain de l'injustice et du mensonge.*

*Nous dirons dans de prochains articles l'essentiel de cette affaire en nous bornant à l'exposé des faits et des circonstances. Une fois de plus, nous en ferons juges les hommes de bonne foi de ce pays.*

*Bien des problèmes de l'heure qu'on nous présente comme essentiels ne valent pas qu'on s'y arrête et ne méritent que le dédain. Mais soixante ans de travaux forcés et la misère de dix familles, cela exige qu'on interroge et qu'on s'interroge.*

*A l'heure où tant de voix importantes ou supposées telles s'époumonnent pour nous vanter on ne sait quels idéaux de basse qualité, il est plus urgent de mettre tout en œuvre pour freiner l'injustice chaque fois qu'il est possible.*

*Si la démocratie doit avoir un sens, c'est ici qu'elle le prendra et non dans les discours officiels du dimanche. Et il est permis de supposer que l'innocence reconnue des condamnés d'Auribeau lui fera rattraper le temps et le prestige que la mobilisation morale à sens unique lui a déjà fait perdre en ce pays.*

A. C.

(A suivre.)

3

1

2

3

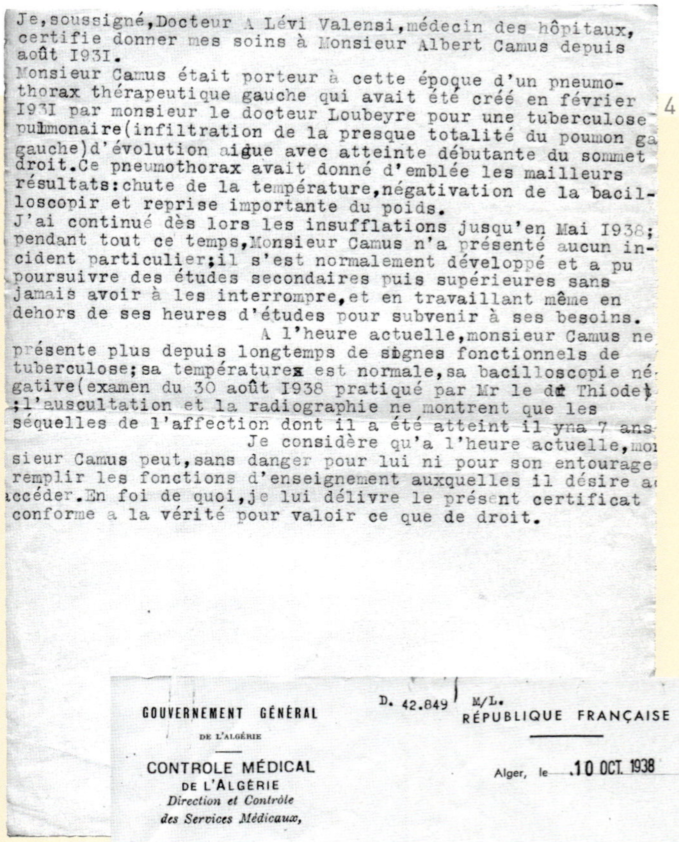

Je,soussigné,Docteur A Lévi Valensi,médecin des hôpitaux, certifie donner mes soins à Monsieur Albert Camus depuis août I93I.
Monsieur Camus était porteur à cette époque d'un pneumothorax thérapeutique gauche qui avait été créé en février I93I par monsieur le docteur Loubeyre pour une tuberculose pulmonaire(infiltration de la presque totalité du poumon gauche)d'évolution aigue avec atteinte débutante du sommet droit.Ce pneumothorax avait donné d'emblée les mailleurs résultats:chute de la température,négativation de la baciloscopir et reprise importante du poids.
J'ai continué dès lors les insufflations jusqu'en Mai I938; pendant tout ce temps,Monsieur Camus n'a présenté aucun incident particulier;il s'est normalement développé et a pu poursuivre des études secondaires puis supérieures sans jamais avoir à les interrompre,et en travaillant même en dehors de ses heures d'études pour subvenir à ses besoins.
A l'heure actuelle,monsieur Camus ne présente plus depuis longtemps de signes fonctionnels de tuberculose;sa température est normale,sa bacilloscopie négative(examen du 30 août I938 pratiqué par Mr le dr Thiodet);l'auscultation et la radiographie ne montrent que les séquelles de l'affection dont il a été atteint il yna 7 ans.
Je considère qu'a l'heure actuelle,monsieur Camus peut,sans danger pour lui ni pour son entourage remplir les fonctions d'enseignement auxquelles il désire accéder.En foi de quoi,je lui délivre le présent certificat conforme a la vérité pour valoir ce que de droit.

4

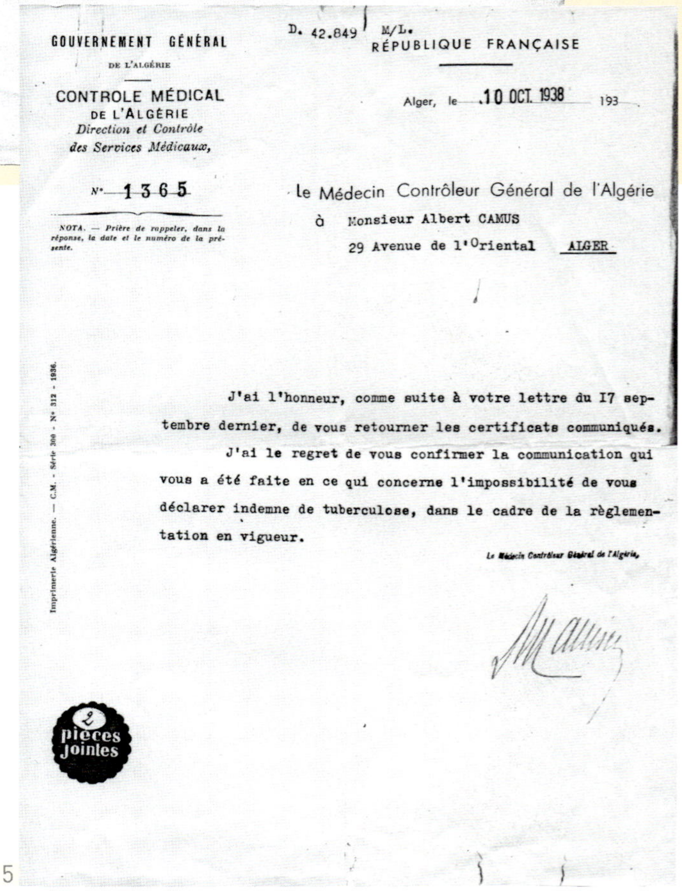

GOUVERNEMENT GÉNÉRAL
DE L'ALGÉRIE
CONTROLE MÉDICAL
DE L'ALGÉRIE
*Direction et Contrôle*
*des Services Médicaux,*

N° 1365

*NOTA. — Prière de rappeler, dans la réponse, la date et le numéro de la présente.*

D. 42.849 M/L.
RÉPUBLIQUE FRANÇAISE

Alger, le 10 OCT. 1938 193

le Médecin Contrôleur Général de l'Algérie
à Monsieur Albert CAMUS
29 Avenue de l'Oriental ALGER

J'ai l'honneur, comme suite à votre lettre du I7 septembre dernier, de vous retourner les certificats communiqués.

J'ai le regret de vous confirmer la communication qui vous a été faite en ce qui concerne l'impossibilité de vous déclarer indemne de tuberculose, dans le cadre de la règlementation en vigueur.

*Le Médecin Contrôleur Général de l'Algérie,*

Imprimerie Algérienne. — C.M. - Série 300 - N° 312 - 1936.

2 pièces jointes

5

"[……]我们强烈抗议，书报审查者强迫我们接受所谓新闻修饰[……]人们知道，书报审查者的命令经常是愚蠢的，几乎总是愚蠢地执行，但是我可以肯定，在这方面，阿尔及利亚的书报审查比过去要好。"

帕斯卡尔·皮亚给安德烈·阿布的信，1970年12月

1 - 德国国防军士兵进入巴黎。1940年6月14日在福熙大街上，库尔特·冯·布里森将军（在马上）向第30步兵师致敬。这是占领的开始。

2 - 法兰西在战争中。宣传告诉法国人要谨慎。图案设计者保尔·高兰的宣传画。

3 - 汽油票。占领区实行配给制。

4, 5 - 加缪为结核病所苦。尽管他提出请求，但国家态度明确：他不能教学，也不能入伍。

6, 7 - 德国军队进入东部欧洲，《阿尔及尔共和报》关注事件。1939年8月30日的《阿尔及尔共和报》头版头条是一篇被删除的文章：万桑·卡巴布勒的第五封信。万桑·卡巴布勒是阿尔贝·加缪的笔名。帕斯卡尔·皮亚和阿尔贝·加缪口中的自由令人难堪。报纸遭到审查，并于1939年9月被禁，此后变成《共和晚报》。加缪成为主编。

"《阿尔及尔共和报》变成了日报，叫作《共和晚报》，偶然的机会使我加入为数不多的非入伍编辑。[……]因此，我按照我认为真实的样子把它办成了日报。就是说，我捍卫思想自由，反对书报审查，捍卫没有仇恨的战争（目前是通过谈判求得和平），反对狂热。我想我在这个方向上走得相当远了，因为一月份报纸在日常斗争之后被禁了。"

阿尔贝·加缪给让·格勒尼埃的信，1940年6月

alger républicain
MANCHETTE CENSURÉE
HITLER A REMIS HIER A 19 h. 15
la réponse du Reich à la note anglaise
Cinquième lettre de Vincent CAPABLE primeuriste sur le destin des hommes simples
CENSURE
La reine de Hollande et le roi des Belges ont offert leur médiation
LE REICH compte sur le concours économique de l'ITALIE en cas de conflit
Le secrétaire de sir Nevile Henderson est parti aussitôt en avion pour apporter le document à Londres
Dans l'après-midi, parlant aux Communes, M. Chamberlain avait déclaré : "Je ne puis dire que le danger diminue de façon quelconque"
La ratification du pacte de non-agression germano-russe est retardée de quelques jours

7

alger républicain
L'état d'esprit des dirigeants allemands
Le remaniement ministériel ne modifie pas la physionomie politique du cabinet Daladier
M. LUKASIEWICZ ambassadeur de Pologne et M. BULLITT ambassadeur des Etats-Unis flétrissent l'un et l'autre l'agression commise par le Reich
CINQUANTE VILLES ET VILLAGES POLONAIS sans valeur militaire ont été bombardés par les troupes allemandes depuis le début des hostilités
UNE PARTIE DES MINES DE LA SARRE est au pouvoir des troupes françaises
DES BATTERIES DE 75 DOMINENT SARREBRUCK
LA COMPOSITION du nouveau cabinet de guerre
A partir d'aujourd'hui LISEZ tous les après-midi LE SOIR RÉPUBLICAIN qui vous donnera une information complète sur les événements de la nuit et vous apportera les premières nouvelles de la journée
Rédacteur en chef : Albert CAMUS



"由于军方的控告，报纸两度开天窗并被没收，对此加缪先生和皮亚先生写信称，今后他们将不再屈服于审查的决定……"

阿尔贝·加缪保存的不具名的证据

1

2

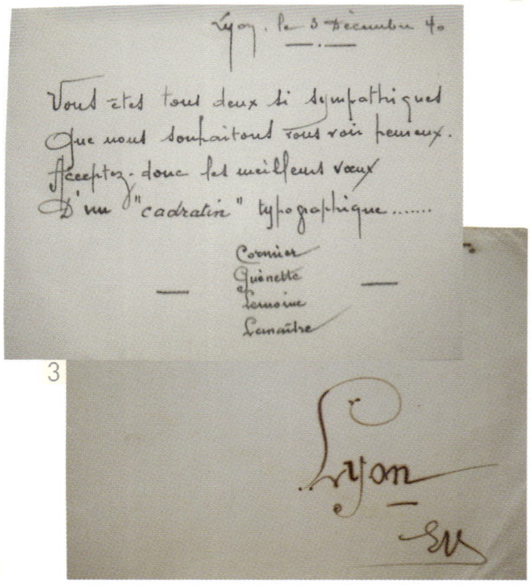

Lyon, le 3 Décembre 40

Vous êtes tous deux si sympathiques
Que nous souhaitons vous voir heureux.
Acceptez-donc les meilleurs vœux
D'un "cadratin" typographique……

Cormier
Guénette
Lemoine
Lemaître

Lyon

3

“我们更欣赏他的时候，是他结婚的那天。令我感动的是他结婚的方式，那么简单，只有三个或四个排字工人。对我们来说，这是何等友好的方式啊！还有他妻子的淳朴，优雅……走出市政府，我们全部都到咖啡馆，就像伙伴的碰面。”

勒麦特，《致加缪，他的印书的朋友们》，伽利玛出版社，1962年，第24页

“他感动了，拥抱着她，满怀柔情地吻了她，她如醉如痴，那一刻，他们幸福得如同在新婚的日子里一样。”

《流放与王国·约拿或工作中的艺术家》

1，2 - 弗朗西娜到法国找到阿尔贝·加缪，两人于1940年12月3日结婚。帕斯卡尔·皮亚在场。

3 - 排字工人们祝福新婚夫妇，向弗朗西娜献上一束紫罗兰。他们称赞加缪：“这的确是一个搞印刷的小伙子，可以看作是一个印刷工人。[……]他在版台上就像在家里一样，活跃，快乐，爱开玩笑，而且开得恰到好处，总之完全是传统的印刷工。”

4，5 - 1940年12月，阿尔贝·加缪和帕斯卡尔·皮亚在里昂。阿尔贝·加缪没有找到工作，离开阿尔及利亚去找在《巴黎晚报》工作的帕斯卡尔·皮亚。报社先是迁往克莱蒙—费朗，后又迁往里昂。

4

“我决定离开阿尔及尔到巴黎去。我还什么也没有找到。”

阿尔贝·加缪给帕斯卡尔·皮亚的信，1940年2月16日

Sur le “ Massilia ” les parlementaires ont été menés en bateau
C'est bien leur tour !

# Paris-soir

DIMANCHE 4 AOUT 1940 — SIXIEME ÉDITION — 50 cent.

Numéro 44 — 37, rue du Louvre, Paris (2e)

## LE GENERAL DE GAULLE condamné à mort par un nouveau tribunal militaire

VICHY, 3 Août.

Inculpé de trahison, d'agression à la sûreté extérieure de l'Etat pour une puissance étrangère en temps de guerre, le général de Gaulle a été condamné par contumace à la peine de mort, à la dégradation militaire et à la confiscation de ses biens.

La condamnation a été prononcée par le tribunal militaire de la 13e région, siégeant à Clermont-Ferrand.

Le général de Gaulle a été condamné en vertu des articles 71 et 79 du Code pénal et de l'article 195 du Code de justice militaire.

### Heidelberg bombardé par l'aviation anglaise

### Le Conseil des ministres a pris une décision concernant la loi sur le chômage

### Les congratulations des Gamelinards

Un pétrolier anglais touché à mort.

Sur les boulevards, la « petite reine » règne à son tour.

### De l'essence pour un mois

C'est tout le carburant dont disposerait le Gouvernement pour la zone libre

### Avis aux parents des prisonniers de guerre

### Attention aux fausses nouvelles

### 500 grammes de sucre par personne pour le mois d'août

### La reprise de l'économie belge

### La reprise du Sport cycliste

Ginette Leclerc donnera ce matin le départ des « Trophées de Longchamp »

### Communiqué italien

### Le Japon refuse énergiquement toute intervention anglaise

### « MARGOT » a été assassinée ainsi que sa fille

### PASSIF

### Communiqué allemand

### LA DÉMOBILISATION française

### Le recensement des étrangers âgés de plus de 15 ans aura lieu le 6 août

### Dernière minute

5

排字工人勒麦特说：

“对我而言，加缪一直是一个完美的伙伴。他从一开始就是这样，这相当少见。”

《致加缪，他的印书的朋友们》，伽利玛出版社，1962年

1, 2, 4 - 1941年，阿尔贝和弗朗西娜·加缪回到阿尔及利亚。他们住在奥兰，没有固定的工作。弗朗西娜是高级小学教师，加缪在一所私人学校教书。尽管经济上有困难，但这对年轻夫妇依然很幸福。

3, 6, 7 - 1942年，阿尔贝和弗朗西娜·加缪在奥兰附近的卡纳斯特尔。

5 - 阿尔泽街，年轻夫妇的房子在那儿。

“对未来真正的慷慨在于把一切都献给现在。”

《反抗的人》

1

2

3

4

5

6

7

“几秒钟他们就脱光了衣服，一到水里，他们有力而笨拙地游着泳，叫着，流口水，吐唾沫，比赛潜水，看谁在水里待的时间最长。大海温暖、柔和，阳光轻轻地落在潮湿的头顶上，灿烂的光线使孩子们浑身充满快乐，不停地喊叫。他们主宰着生活，主宰着大海，而世界能够给予他们的最奢华的东西，他们收下了，无度地挥霍，就像一个阔老爷，放心地行使他们的权力，他们的无可替代的财富。”

《第一个人》

"那些日子来了，它们本可能摧毁我的一切，却恰恰没有摧毁对生活的无节制的欲望。我至今还对这种既丰富又具有毁灭性的激情感到痛苦，它在《反与正》的最阴暗的篇章中爆发出来。"

《反与正》，序言

1

"我们无疑是不谨慎的。我们想像战争没有发生那样行事。战争使我们分开了。"

弗朗西娜·加缪给尼科尔·西罗蒙特的信，奥兰，1942年12月31日

"像耗子一样！"

《加缪笔记，1935—1948》

2

3

1, 5 - 弗朗西娜抚着加缪的肩膀，他们毕生相互照顾。

2 - 阿尔贝·加缪和他的朋友安德烈·贝尼舒。

3 - 阿尔贝和弗朗西娜与他们的好朋友罗贝尔·约索和马奈特·马丹（弗朗西娜的表姐妹）一起吃饭。

4 - 1941年，加缪在奥兰。

6 - 1940年的奥兰湾，这个地方爆发了斑疹伤寒，部分地成为《鼠疫》的主题。在阿尔及利亚的生活是困难的。加缪决定独自再返法国。

7 - 夫妇俩买的阿尔及利亚彩票。

4

是的，我在阿尔及利亚的城市中的所爱与居住在那里的人是分不开的。[……]

不，如果您觉得您的心是不冷不热的，如果您的灵魂是一头可怜的野兽，您一定不要去那里！不过，对于那些知道是与否、中午和子夜、反抗和爱情之分裂的人，对于那些喜欢海边的柴堆的人，那里有火在等待着他们。

《夏天集·没有过去的城市之小指南》

5

6

“在奥兰的上方，是桑塔—克鲁兹山脉、高原和穿行其间的千百条溪涧。挂在俯瞰着大海的山丘的坡上的路，过去是可以通行的。”

《夏天集·弥诺陶洛斯或暂停在奥兰》

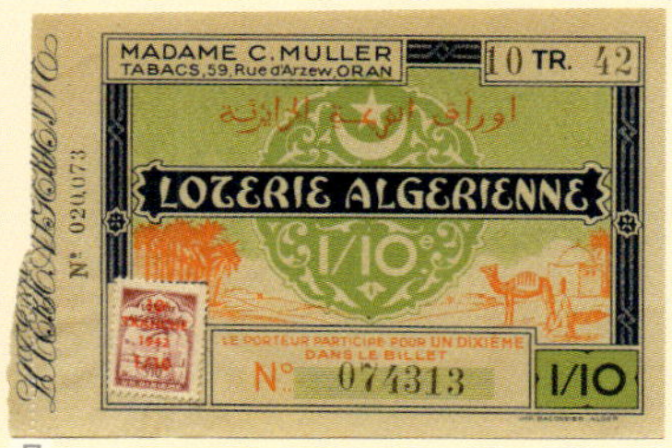

7

1 -《局外人》于1942年5月在伽利玛出版社出版，《西绪福斯神话》于同年10月出版。加缪当时二十九岁。

2, 3, 4 -《局外人》的手稿。

5 - 加缪改过的《局外人》打印稿：“今天，妈妈死了。”

6 - 加缪忙于“三大荒诞”的出版，它们是《局外人》、《西绪福斯神话—卡利古拉》和《误会》。是帕斯卡尔·皮亚和安德烈·马尔罗的热情为《局外人》和《西绪福斯神话》打开了伽利玛出版社的大门，让它们进入《新法兰西评论》主编让·博朗的办公室。

我也不知道是为什么，好像我身上有什么东西爆裂了似的，我扯着喉咙大叫，我骂他，我叫他不要为我祈祷。我揪住他的长袍的领子，把我内心深处的话，喜怒交加的强烈冲动，劈头盖脸地朝他发泄出来。他的神气不是那样的确信无疑吗？然而，他的确信无疑，都抵不上一根女人的头发。他甚至连活着不活着都没有把握，因为他这会就如同死了一样。而我，我好像两手空空。但是我对我自己有把握，比他有把握，对我的生命和那即将到来的死亡有把握。是的，我只有这么一点儿把握。但是至少，我抓住了这个真理，正如这个真理抓住了我一样。[……]在我所度过的整个这段荒诞的生活里，一种阴暗的气息穿越尚未到来的岁月，从遥远的未来向我扑来，这股气息所过之处，别人向我建议的一切都变得毫无差别，未来的生活并不比已有的生活更真实。[……]好像这巨大的愤怒清除了我精神上的痛苦，也使我失去希望。面对着充满征象和星斗的夜，我第一次向这个世界的动人的冷漠敞开了心扉。我体验到这个世界如此像我，如此友爱，我觉得我过去曾经是幸福的，我现在仍然是幸福的。为了把一切都做得完善，为了使我不感到那么孤独，我还希望处决我的那一天有很多人来观看，希望他们对我报以仇恨的喊叫声。

《局外人》

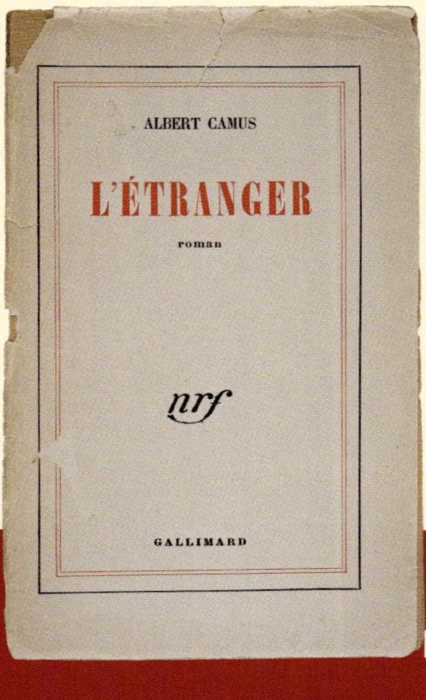


1

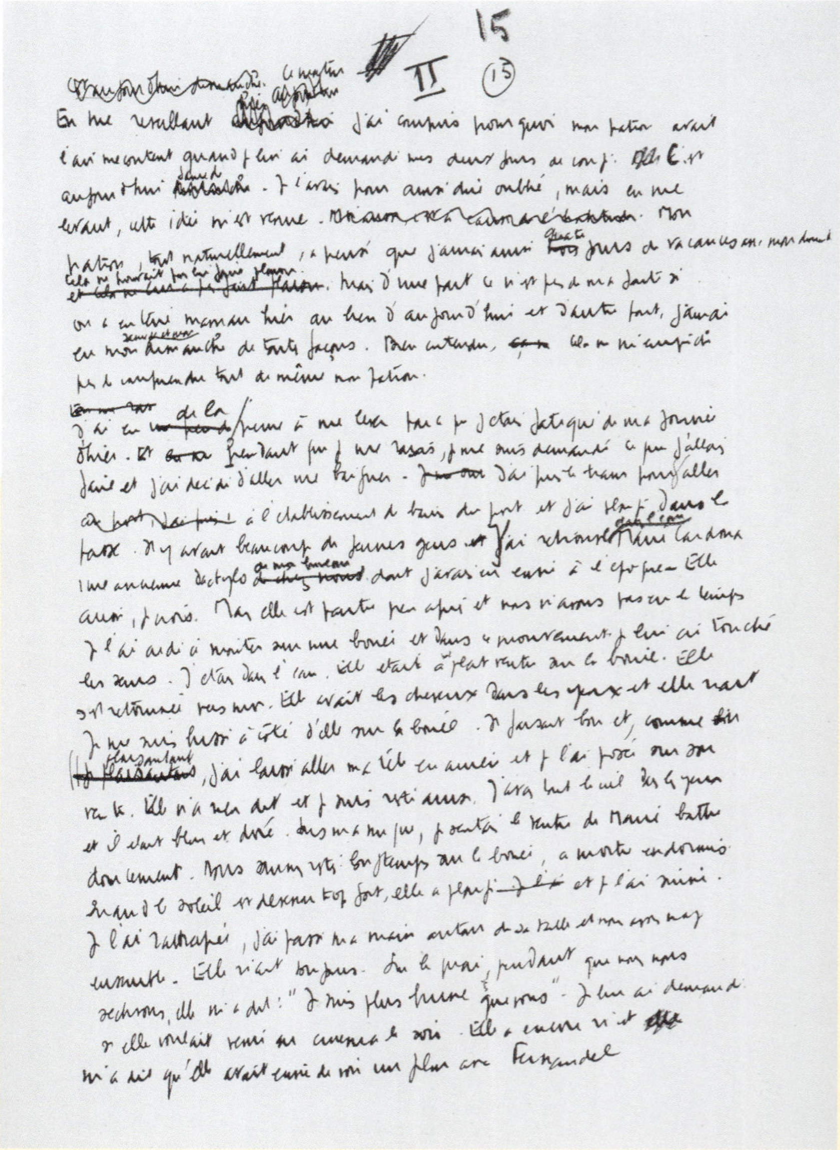

2

“写完《西绪福斯神话》。‘三大荒诞’完成了。开始自由。”

《加缪笔记，1935—1948》

“在《局外人》中读到一个没有任何英雄姿态的人，接受了为真理而死，人们也许就不大会欺骗自己了。”

《局外人》，为美国版写的序

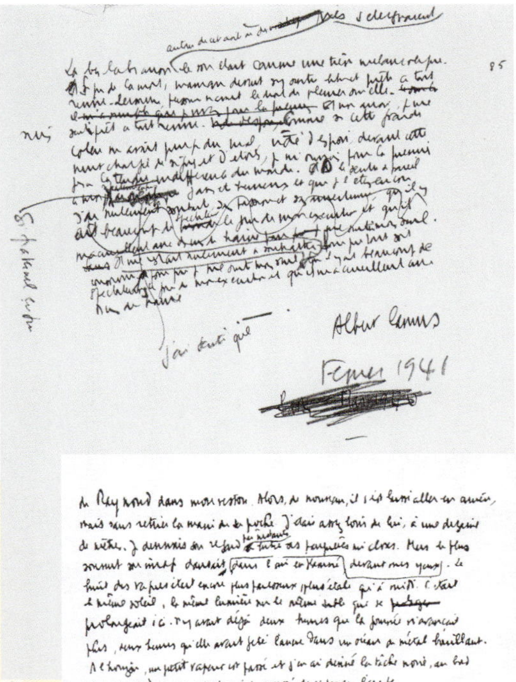


3

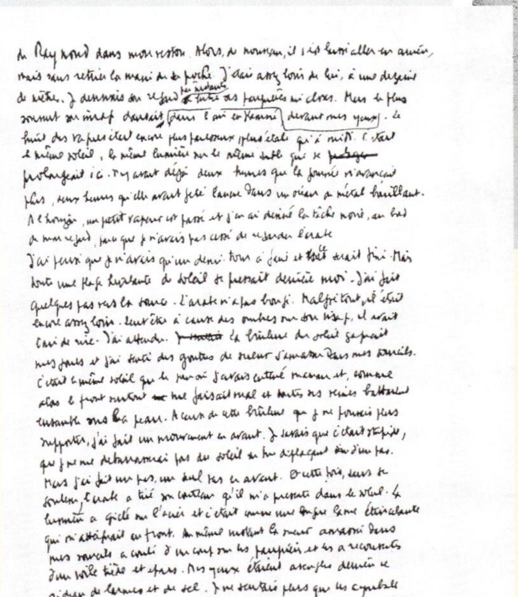

4

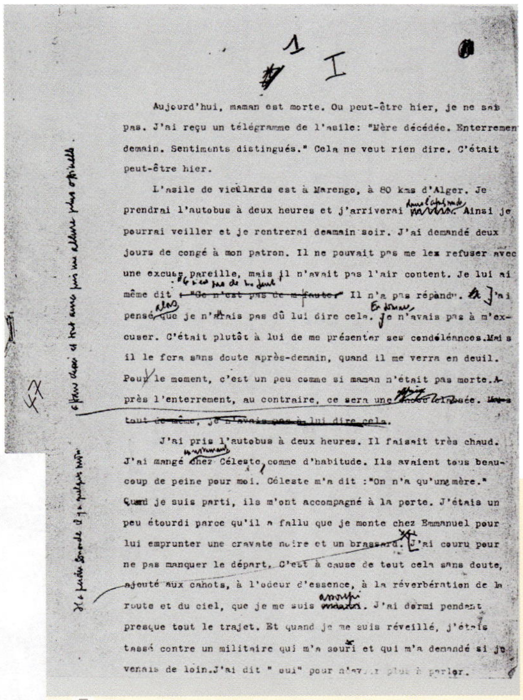

1 I

Aujourd'hui, maman est morte. Ou peut-être hier, je ne sais pas. J'ai reçu un télégramme de l'asile: "Mère décédée. Enterrement demain. Sentiments distingués." Cela ne veut rien dire. C'était peut-être hier.

L'asile de vieillards est à Marengo, à 80 kms d'Alger. Je prendrai l'autobus à deux heures et j'arriverai dans l'après-midi. Ainsi je pourrai veiller et je rentrerai demain soir. J'ai demandé deux jours de congé à mon patron. Il ne pouvait pas me les refuser avec une excuse pareille, mais il n'avait pas l'air content. Je lui ai même dit : "Ce n'est pas de ma faute." Il n'a pas répondu. J'ai pensé que je n'aurais pas dû lui dire cela. Je n'avais pas à m'excuser. C'était plutôt à lui de me présenter ses condoléances. Mais il le fera sans doute après-demain, quand il me verra en deuil. Pour le moment, c'est un peu comme si maman n'était pas morte. Après l'enterrement, au contraire, ce sera une affaire classée.

J'ai pris l'autobus à deux heures. Il faisait très chaud. J'ai mangé chez Céleste, comme d'habitude. Ils avaient tous beaucoup de peine pour moi. Céleste m'a dit : "On n'a qu'une mère." Quand je suis parti, ils m'ont accompagné à la porte. J'étais un peu étourdi parce qu'il a fallu que je monte chez Emmanuel pour lui emprunter une cravate noire et un brassard. J'ai couru pour ne pas manquer le départ. C'est à cause de tout cela sans doute, ajouté aux cahots, à l'odeur d'essence, à la réverbération de la route et du ciel, que je me suis assoupi. J'ai dormi pendant presque tout le trajet. Et quand je me suis réveillé, j'étais tassé contre un militaire qui m'a souri et qui m'a demandé si je venais de loin. J'ai dit " oui " pour n'avoir plus à parler.

5

6

“安德烈的兄弟罗兰·马尔罗这几天到了里昂，我把您的手稿给了他，好让他请他的兄弟读一读。[……] 自然，我也在给博朗的信中谈到了《局外人》和《卡利古拉》。”

帕斯卡尔·皮亚给阿尔贝·加缪的信，1941年5月

1 - 1967年，卢齐诺·维斯孔蒂把《局外人》搬上银幕。马塞洛·马斯托亚尼扮演默尔索。

2 - 阿娜·卡丽娜在《局外人》中扮演玛丽·卡多娜。

3 -《局外人》在全世界出版，被译成60多种语言。

4 - 马约是伽利玛圈子里的朋友，加缪请他为1946年版的《局外人》作插图。1942—1953年，他为马杜兰剧院设计布景，他在那里可能再度见过加缪。

1

2

“《局外人》既不是现实主义的，也不是奇幻小说。我更多的是从中看出一个具体化的神话，但是它深深地扎根于日常生活的血肉和热情之中。人们希望从中看到一个非道德主义者的新典型。这是完全错误的。”

阿尔贝·加缪给R.海德里希的信，1954年9月8日

3

4

“这里受到正面责问的不是道德，而是诉讼的世界，它既是资产阶级的，也是纳粹的，还是共产主义的，一句话，诉讼世界是当代的溃疡。[……]默尔索不是与法官、社会的法律以及符合习俗的感情站在一边的。他像一块石头或一股风一样存在于太阳底下，这些人从不撒谎。如果您从这个角度看这本书，就会看到面对世界的快乐的一种真诚的道德，一种既嘲讽又悲剧性的颂扬。它排除了阴影、表现主义的漫画化或者绝望的光明。”

为在电台广播《局外人》，阿尔贝·加缪给R.海德里希的信，1954年9月8日

combat
Dans la guerre comme dans la paix le dernier mot est à ceux qui ne se rendent jamais. Clemenceau
Le tirage total des journaux du Mouvement de la Libération Nationale COMBAT - DÉFENSE de la FRANCE FRANC-TIREUR - LIBÉRATION LORRAINE - RÉSISTANCE atteint 1 million 150.000 exemplaires.
eul chef : DE GAULLE — Un seul combat : pour NOS LIBERTÉS
GANE DU MOUVEMENT DE LA LIBÉRATION NATIONALE N° 55 MARS 1944

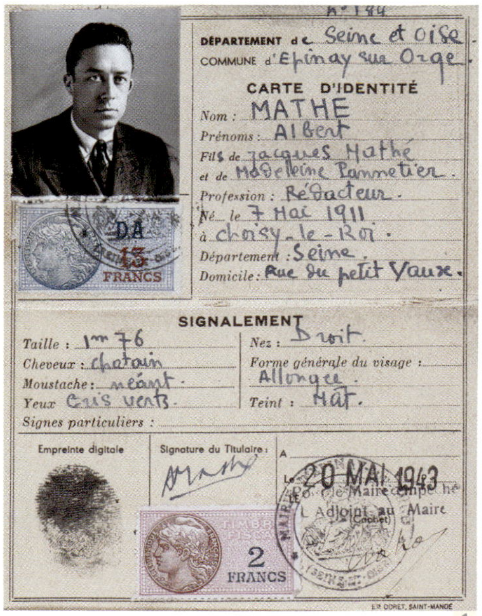
DÉPARTEMENT de Seine et Oise
COMMUNE d'Epinay sur Orge
CARTE D'IDENTITÉ
Nom : MATHE
Prénoms : Albert
Fils de Jacques Mathé
et de Madeleine Pannetier
Profession : Rédacteur
Né le 7 Mai 1911
à Choisy-le-Roi
Département Seine
Domicile : Rue du petit Vaux
SIGNALEMENT
Taille : 1m 76
Cheveux : chatain
Moustache : néant
Yeux : Gris verts
Nez : Droit
Forme générale du visage : Allongée
Teint : Mat
Signes particuliers :
Empreinte digitale
Signature du Titulaire :
Le 20 MAI 1943
15 FRANCS
2 FRANCS

1

“我试图到西班牙去，最后放弃了，因为要在集中营或监狱里待好几个月，我的情况又不允许，我就投入了抵抗运动。我考虑了很多，我这样做完全是清醒的，因为这是我的义务。我在上卢瓦尔工作，很快就和皮亚在《战斗报》的运动中并肩作战了。”

《阿尔贝·加缪在〈战斗报〉》，第18页，2002年，J.列维—瓦朗齐编，伽利玛出版社

2

3

4

“实际上，这与您有关，与我们大家有关。所有的法国人都因敌人而进入这种联系之中，一个人的行为激起了所有人的热情，一个人的心不在焉或漠不关心都会造成十个人的死亡。”

《地下的〈战斗报〉》，第55期，1944年3月

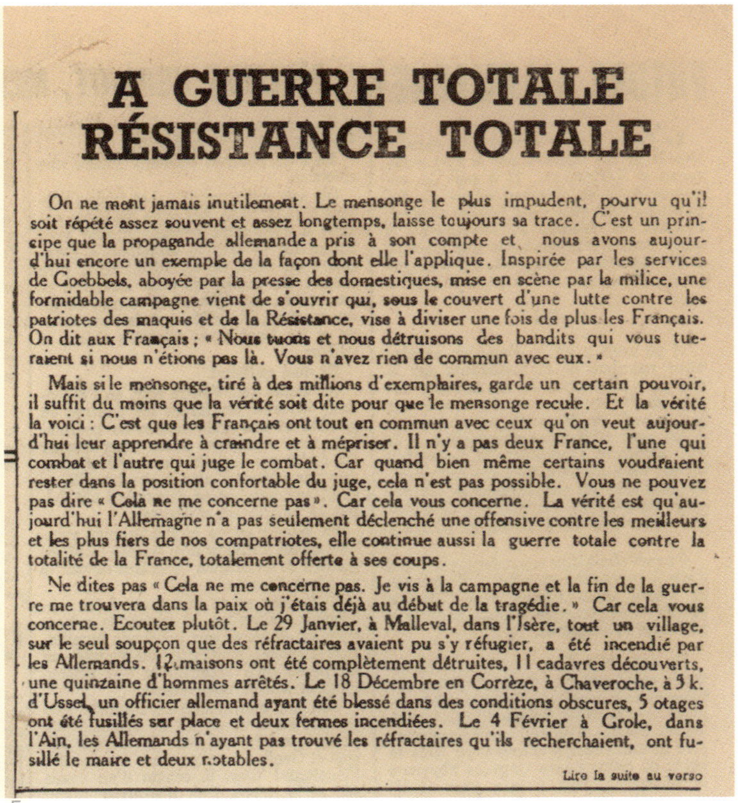

A GUERRE TOTALE
RÉSISTANCE TOTALE

On ne ment jamais inutilement. Le mensonge le plus impudent, pourvu qu'il soit répété assez souvent et assez longtemps, laisse toujours sa trace. C'est un principe que la propagande allemande a pris à son compte et nous avons aujourd'hui encore un exemple de la façon dont elle l'applique. Inspirée par les services de Goebbels, aboyée par la presse des domestiques, mise en scène par la milice, une formidable campagne vient de s'ouvrir qui, sous le couvert d'une lutte contre les patriotes des maquis et de la Résistance, vise à diviser une fois de plus les Français. On dit aux Français : « Nous tuons et nous détruisons des bandits qui vous tueraient si nous n'étions pas là. Vous n'avez rien de commun avec eux. »

Mais si le mensonge, tiré à des millions d'exemplaires, garde un certain pouvoir, il suffit du moins que la vérité soit dite pour que le mensonge recule. Et la vérité la voici : C'est que les Français ont tout en commun avec ceux qu'on veut aujourd'hui leur apprendre à craindre et à mépriser. Il n'y a pas deux France, l'une qui combat et l'autre qui juge le combat. Car quand bien même certains voudraient rester dans la position confortable du juge, cela n'est pas possible. Vous ne pouvez pas dire « Cela ne me concerne pas ». Car cela vous concerne. La vérité est qu'aujourd'hui l'Allemagne n'a pas seulement déclenché une offensive contre les meilleurs et les plus fiers de nos compatriotes, elle continue aussi la guerre totale contre la totalité de la France, totalement offerte à ses coups.

Ne dites pas « Cela ne me concerne pas. Je vis à la campagne et la fin de la guerre me trouvera dans la paix où j'étais déjà au début de la tragédie. » Car cela vous concerne. Ecoutez plutôt. Le 29 Janvier, à Malleval, dans l'Isère, tout un village, sur le seul soupçon que des réfractaires avaient pu s'y réfugier, a été incendié par les Allemands. 12 maisons ont été complètement détruites, 11 cadavres découverts, une quinzaine d'hommes arrêtés. Le 18 Décembre en Corrèze, à Chaveroche, à 3 k. d'Ussel, un officier allemand ayant été blessé dans des conditions obscures, 5 otages ont été fusillés sur place et deux fermes incendiées. Le 4 Février à Grole, dans l'Ain, les Allemands n'ayant pas trouvé les réfractaires qu'ils recherchaient, ont fusillé le maire et deux notables.

Lire la suite au verso

5

1 - 在《战斗报》期间，加缪使用的一张假身份证：阿尔贝·马特。

2, 5 - 1943年，加缪成为伽利玛出版社的审稿员。他与《战斗报》的地下运动取得联系，写了不少文章。加缪希望参加抵抗运动，但是疾病使他不能上战场。他的笔成了他的武器，他通过《战斗报》来战斗，先是地下的，然后解放了。他的第一篇署名文章发表于1944年3月：《用全面抵抗反对全面战争》。

3 - 加缪和《战斗报》团队在一起，左起：穿制服的珀蒂·布列东、维克多·佩罗尼、阿尔贝·加缪、阿尔贝·奥利维（抽烟者）、让－米歇尔·布洛赫（侧影）、让·舍沃（喝酒者）、罗杰·格勒尼埃（正面戴眼镜者）。

4 - 加缪在《战斗报》接待北非足球队。

您从来也没有见过枪毙人吧？没有，当然，旁观者一般是邀请的，而且观众也是事先选择的。结果您只能停留在图画和书本的描写上：眼睛蒙上布，人绑在木桩上，远处站着几个士兵。不，不是这样！您知道吗？恰恰相反，行刑队站在离犯人一米半的地方，要是犯人向前走两步，他的胸口就会碰到士兵的枪，您知道吗？这么近的距离，士兵们把子弹集中地打在胸口部位，用粗大的子弹打出一个可以把拳头伸进去的口子，您知道吗？不，您不知道，因为人们是不谈这些细节的。人的睡眠要比鼠疫患者的生命更为神圣。不应该打扰那些正派人的睡眠。品位低俗的人才会这样做，而品位在于放弃坚持，这谁都知道。但是我，我从那时起就没有好好地睡过觉。我就是品位低俗，一条道跑到黑，就是说，不停地想这些事。

《鼠疫》

Les Communistes dans le Gouvernement

Combat

Dans la guerre comme dans la paix le dernier mot est à ceux qui ne se rendent jamais. Clemenceau

Un seul chef : DE GAULLE — Un seul combat : pour NOS LIBERTÉS

ORGANE DU MOUVEMENT DE LA LIBÉRATION NATIONALE N° 57

PENDANT TROIS HEURES ILS ONT FUSILLÉ DES FRANÇAIS

Le départ de Gi[raud]

L'effort de la France doit atteindre son maximum. Nous ferons plus tard le compte de nos morts. Jusqu'au jour où nous aurons vaincu, il ne s'agit que de vaincre. Le reste est vanité, gaspillage et force perdue.

De GAULLE, 4 avril, Alger

Hubert ARNAUD, héros de la Résistance fusillé à Toulouse le 9 Novembre 1943

UN GRAND MALADE

ASSURANCES-V[ICHY]

2

1

“我不知道人们是否能够想象这则直言不讳的报道背后的东西。但是阅读这些简单的数字：3个小时，86个人，难道不会产生反抗的欲望和由衷的厌恶吗？”

《地下的〈战斗报〉》，“3个小时内数十名法国人被枪杀”，第57期，1944年5月

3

4

“为了记住这一切，这就是应该永远保留在眼前的形象，这就是应该向所有还在旁观的法国人呈现的形象。因为对这86个法国人，很多人想，如果他们不对德国武装力量做什么的话，后者也不会对他们做什么。但是，法国人是团结的，只有一种愤怒，只有一种牺牲。”

“3个小时内数十名法国人被枪杀”

1, 3, 4 - 加缪在《战斗报》的办公室里。

2 - 1944年5月 地 下《战 斗报》的头版头条。加缪记述了造成86名法国人牺牲的阿斯科悲剧。

“战斗在继续……”

《战斗报》，文章标题，1944年8月21日

1

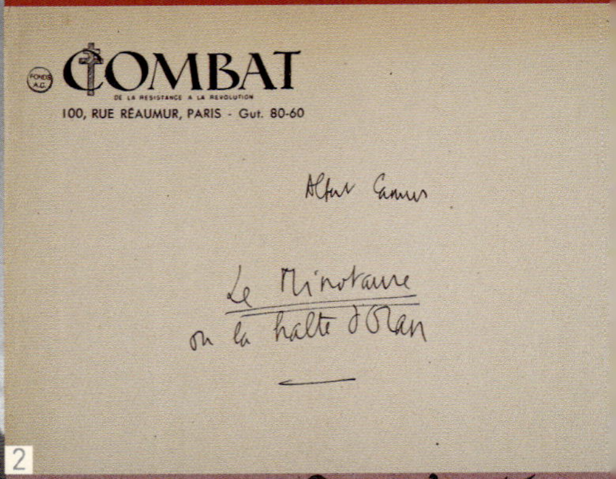

2

3

6

4

5

时间会证明法国人不愿意杀戮，他们双手干净地进入一场没有选择的战争。他们突然间拿起枪，不断地向两年前以为战争很容易的士兵射击，这还需要无数的理由吗？［……］

我们不可能寄希望于，在沉默中战斗了四年、在天空和枪炮隆隆作响声中度过日日夜夜的人们，同意投降或非正义的势力卷土重来。不可能指望最优秀的人重新接受做那些最优秀、最纯洁的人曾经在二十五年中做过的事情，即在沉默中爱他们的国家，在沉默中蔑视他们的领袖。今晚战斗的巴黎将在明天发号施令。不是为了权力，而是为了正义，不是为了政治，而是为了道德，不是为了占领他们的国家，而是为了它的伟大。

我们相信这不是将要做到的，而是今天就要在战斗的痛苦和顽强中做到的。这就是为什么，在人们的痛苦之上，尽管流血和愤怒，但那些无可替代的牺牲者、不公正的创伤和盲目的子弹，不是遗憾的话语，而是孤独地面对命运的人的热切的希望之声，必须将它宣之于口。

《加缪在〈战斗报〉》，“自由的血”，
1944年8月24日，第149页，
收入《现时集·编年史，1944—1948》

1 - 四年的地下状态之后，《战斗报》于1944年8月21日公开出版。阿尔贝·加缪担任主编，帕斯卡尔·皮亚任社长。面对不可克服的财政困难，皮亚—加缪团队于1947年7月3日分裂。

2 - 刊载于《战斗报》第一页的“弥诺陶洛斯或暂停在奥兰”的手稿。《弥诺陶洛斯》首次发表于1946年第16期的《方舟》杂志上。它被收进《夏天集》，1954年由伽利玛出版社出版。

3 - 记者证。

4 - 1944年，加缪在全国解放运动的群众大会上。他身边是亨利·弗莱奈，后者自1940年起就在地下的《战斗报》的号召下成为一名抵抗者。

5 - 安德烈·马尔罗，化名贝尔杰上校，1944年9月22日访问《战斗报》，与雅克·博莫、阿尔贝·加缪在一起。

6 - 1944年8月26日，庆祝巴黎解放的游行，队伍经过夏特莱广场。

7 - 加缪在《战斗报》的证件，使他在“买戏剧票时免税”。

“五年顽强的、沉默的斗争，一份产生于抵抗精神、不间断地在地下的危险中出版的报纸，终于在光天化日下出现在从耻辱中解放出来的巴黎。写下这些我不能不激动。”

《战斗报》，“从抵抗到革命”

7

巴黎在8月的夜里炮火连天。在这巨大的石与水的背景下，在这波涛喑哑的历史的河流周围，自由的街垒再一次筑起来了，正义再一次需要用人的血去争取。

《加缪在〈战斗报〉》，“自由的血”，
1944年8月24日，
收入《现时集·编年史，1944—1948》

“巴黎明天将是工人和教师的样子。如果他们饿肚子，我们将感到羞愧。如果他们得到所要求的面包和正义，我们将获得一颗自由的良心。”

《战斗报》，1945年4月5日

“正义将拯救仇恨的阿尔及利亚。”

《战斗报》，1945年3月23日

1

“在政治上，我还想提醒，阿拉伯人民是存在的。因此，我想说这不是西方人没有什么可尊重和保卫的悲惨的无名人群。相反，这是一个有着伟大传统的民族，只要我们愿意不带偏见地接近他们，就会发现他们的美德是处于第一流的。”

《加缪在〈战斗报〉》，1945年5月14日，第499页，收入《现时集III·阿尔及利亚编年史，1939—1958》

“当千百万人挨饿的时候，这就变成了所有人的事情。”

《加缪在〈战斗报〉》，1945年5月16日，收入《现时集III·阿尔及利亚编年史，1939—1958》

2

“必须尽可能地高喊，绝大部分的阿尔及利亚居民处于饥荒之中。”

《加缪在〈战斗报〉》，1945年5月15日，收入《现时集III·阿尔及利亚编年史，1939—1958》

“必须结束一种耻辱。[……]这些人独自地成为荣誉的捍卫者和勇气的见证。”

《战斗报》，1945年5月17日

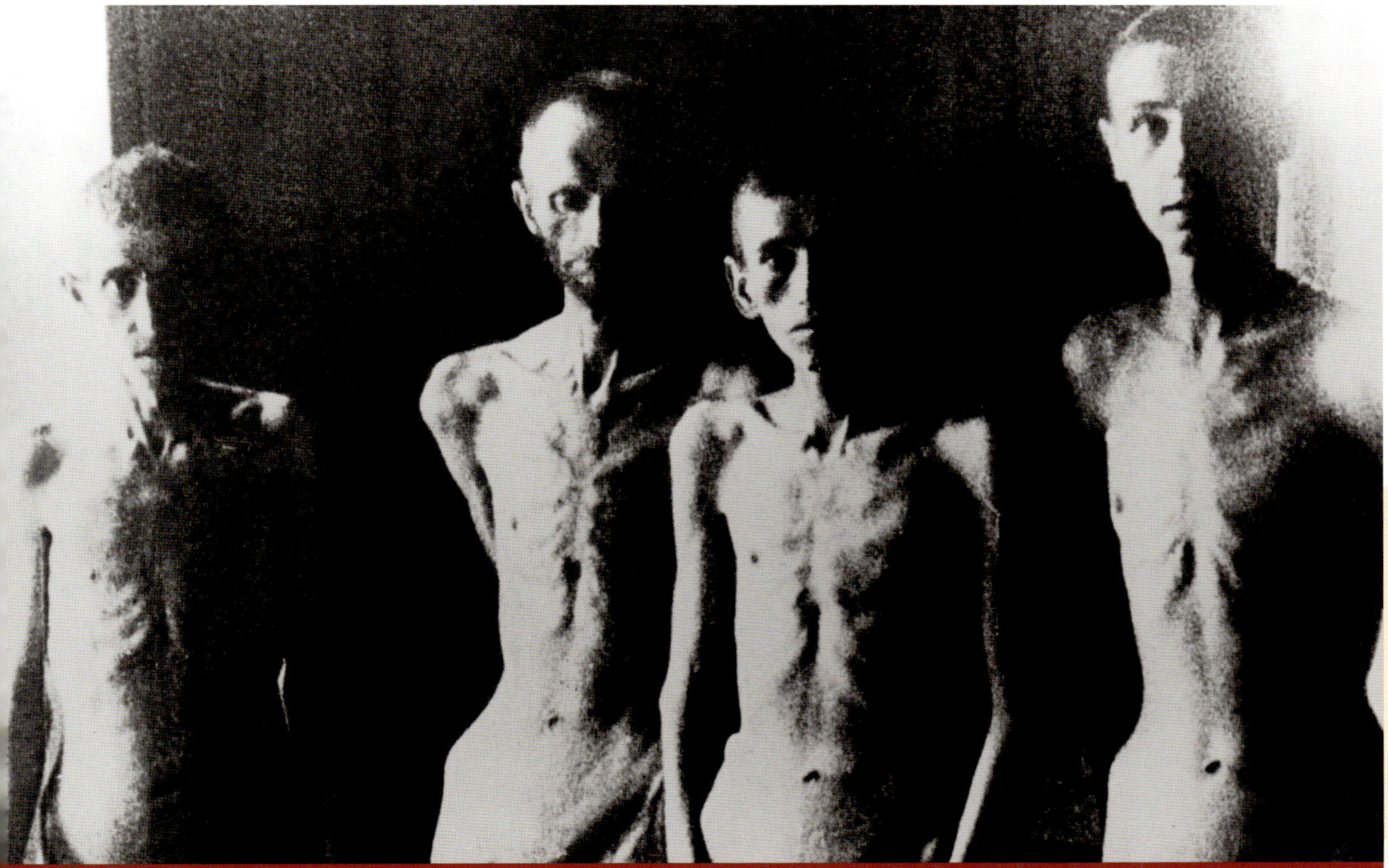

3

4

“这个充满了死亡的恐怖气味的集中营是达索集中营。[……]民主的政府，不管是什么政府，正在受到考验，在这种特殊的情况下，它不知道谁是真正的精英。他们在这散发着恶臭的集中营里，在那里，一支英勇的队伍中的几个幸存者还在为抵抗他们的冷漠和轻率而斗争。”

《加缪在〈战斗报〉》，1945年5月17日，收入《现时集·编年史，1944—1948》

1 - 1945年5月8日，纳粹德国投降。同一天，发生在塞蒂夫和格尔玛的暴动造成103个欧洲人死亡。镇压造成许多牺牲者。加缪发表了一系列六篇文章，其中一部分于1958年收入《阿尔及利亚编年史》，题目是《阿尔及利亚的危机》。

2 - 塞蒂夫暴动之后，民众团结起来要求自治。这里是凯拉达附近的悬崖前的海滩。

3 - 达索集中营的幸存者。

4 - 1945年，附近的居民和美国人发现了达索集中营。

1

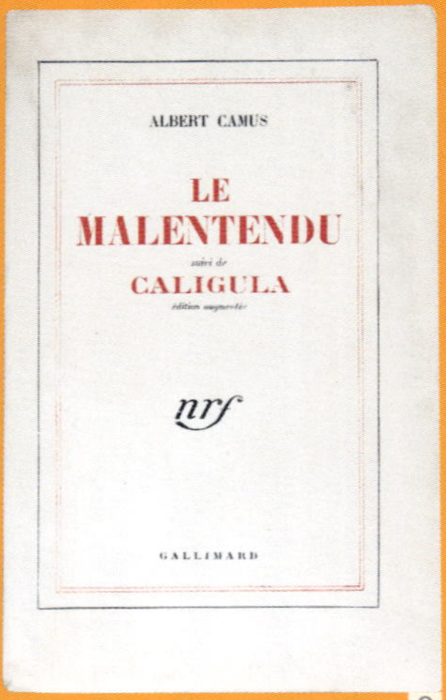
ALBERT CAMUS
LE
MALENTENDU
suivi de
CALIGULA
édition augmentée
GALLIMARD

2

“然后我又开始排《误会》（我的剧本的名字）。这是一个关于失去并且没有重拾天堂的故事。”

阿尔贝·加缪给让·格勒尼埃的信，1943年7月17日

3

在背井离乡、杳无音讯二十年之后，男人回到波希米亚的一座小村庄，他的母亲和姐姐在那儿经营着一家旅馆。但是他不愿意被认出来。他希望人家认出来而他不必说：“是我呀！”唯一的问题是这是否可能，对人心而言是否存在着一个故乡，正如他自己所说：“无论是或否，心怀这样的梦想总是有理由的。”他恰恰是以是或否的形式得到了回答。

这部戏剧仅仅是形式上的悲剧，不受任何理论的束缚。但是，如果作者一定要有一个思想，它可能是这样：人自身带有幻想和误会的部分，它应该被去除。但是，这是一种牺牲，它解放了人自身的另一部分，最优秀的部分，即反抗和自由的部分。

这可能是另一部戏的主题。

1944年6月演出节目说明

4

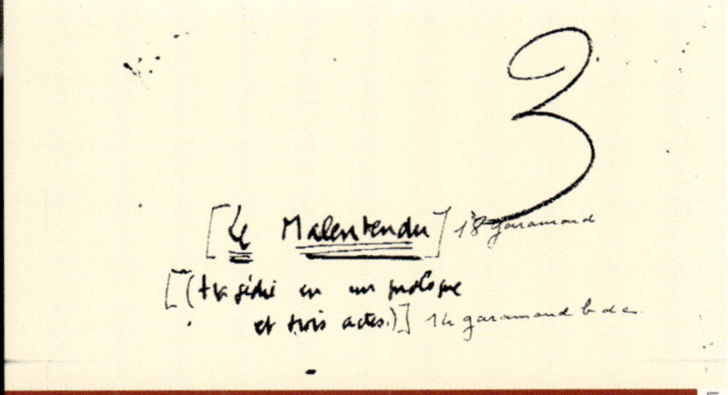


5

1 - 1944年6月23日，加缪首次在马图林剧院公演《误会》。马塞尔·赫朗担任导演。彩排时，加缪在幕后观察观众的气氛。首演一个月之后，1943年创作的《误会》从演出公告上撤下。

2 - 《误会》和《卡利古拉》的剧本于1944年6月由伽利玛出版社出版。

3 - 玛尔塔的角色是为玛利亚·卡萨莱斯写的。她与马塞尔·赫朗一起演出。

4 - 20世纪伟大的悲剧演员玛利亚·卡萨莱斯于1945年遇见了阿尔贝·加缪。他们从此保持了一种亲密的关系。

5 - 1943年末的题目和打字稿，上面有手写的注解。

1

2

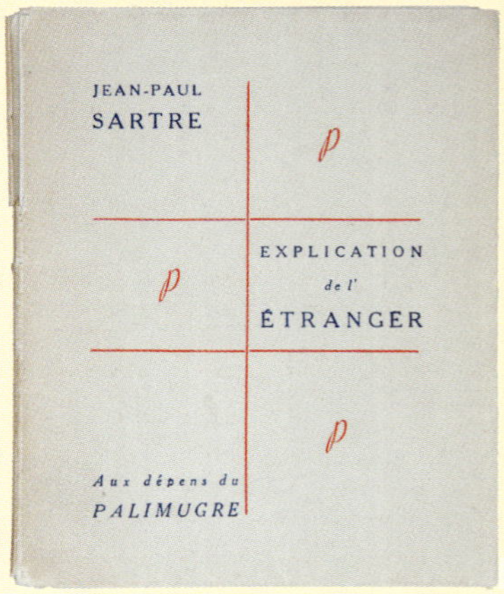


3

"在知识社会中，不知道为什么，我总是有一个印象，即我有某种东西需要别人原谅。我不断地有一种感觉，我破坏了小圈子的某种规则。当然，这使我失去了真性情，而没了脾性之后，我感到了厌倦。"

《我为什么从事戏剧？》

4

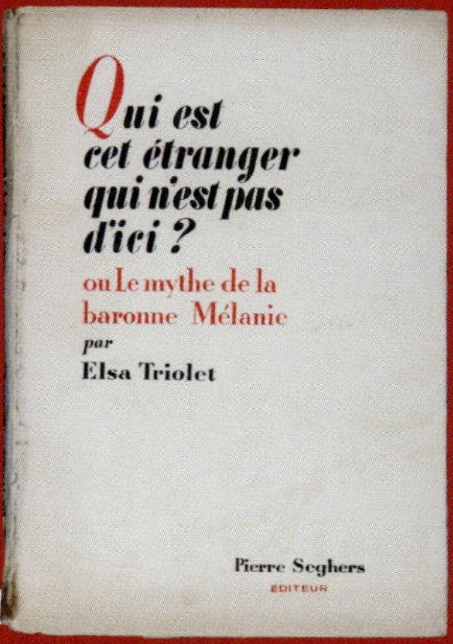


5

6

7

8

1, 2 - 1943年，加缪在《苍蝇》彩排时第一次遇见让—保罗·萨特和西蒙娜·德·波伏瓦。萨特建议他做《密室》的导演。

3 - 1946年，帕里穆格尔出版社出版了让—保罗·萨特的一篇文章：《解读〈局外人〉》。这篇文章于1947年被收进他的《处境集Ⅰ》。

4, 5 - 1943年，在自由区里昂，抵抗分子埃尔萨·特里奥莱和路易·阿拉贡夫妇见到加缪。埃尔萨·特里奥莱于1944年在赛格尔出版社发表了《谁是这位不是此地人的局外人?》，其中提到了加缪的作品。照片中还有巴勃罗·毕加索，圈子里的朋友。

6 - 阿尔贝·加缪、皮埃尔·迦兰多和一位朋友在双猴咖啡馆。

7 - 加缪常去的花神咖啡馆和双猴咖啡馆位于圣日耳曼大街，当时是巴黎知识界聚会的地方。

8 - 1945年加缪在双猴咖啡馆中读报，救世军的报纸《前进!》。

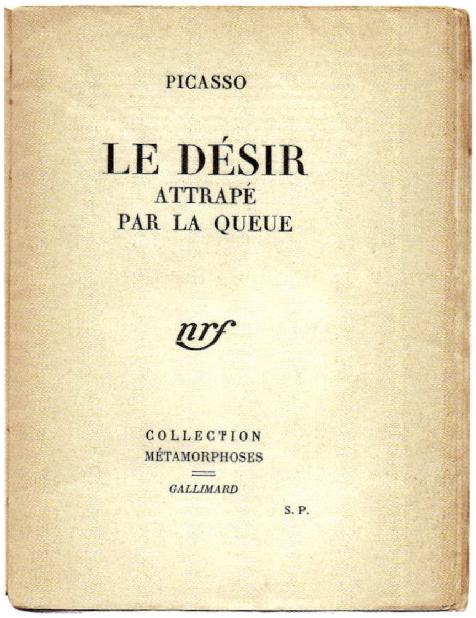


米歇尔和路易斯・莱里组织了一次《被抓住尾巴的魔鬼》的演出，编剧是巴勃罗・毕加索，阿尔贝・加缪担任导演。布拉萨伊使这次聚会永远被人记住。站位是临时安排的，非常好。从左至右：雅克・拉康、塞斯尔・艾吕雅、彼埃尔・勒韦尔迪、路易斯・莱里、扎尼・德・康邦、巴勃罗・毕加索、瓦朗蒂诺・雨果、西蒙娜・德・波伏瓦。坐着的：让—保罗・萨特、阿尔贝・加缪、米歇尔・莱里和让・奥比埃。

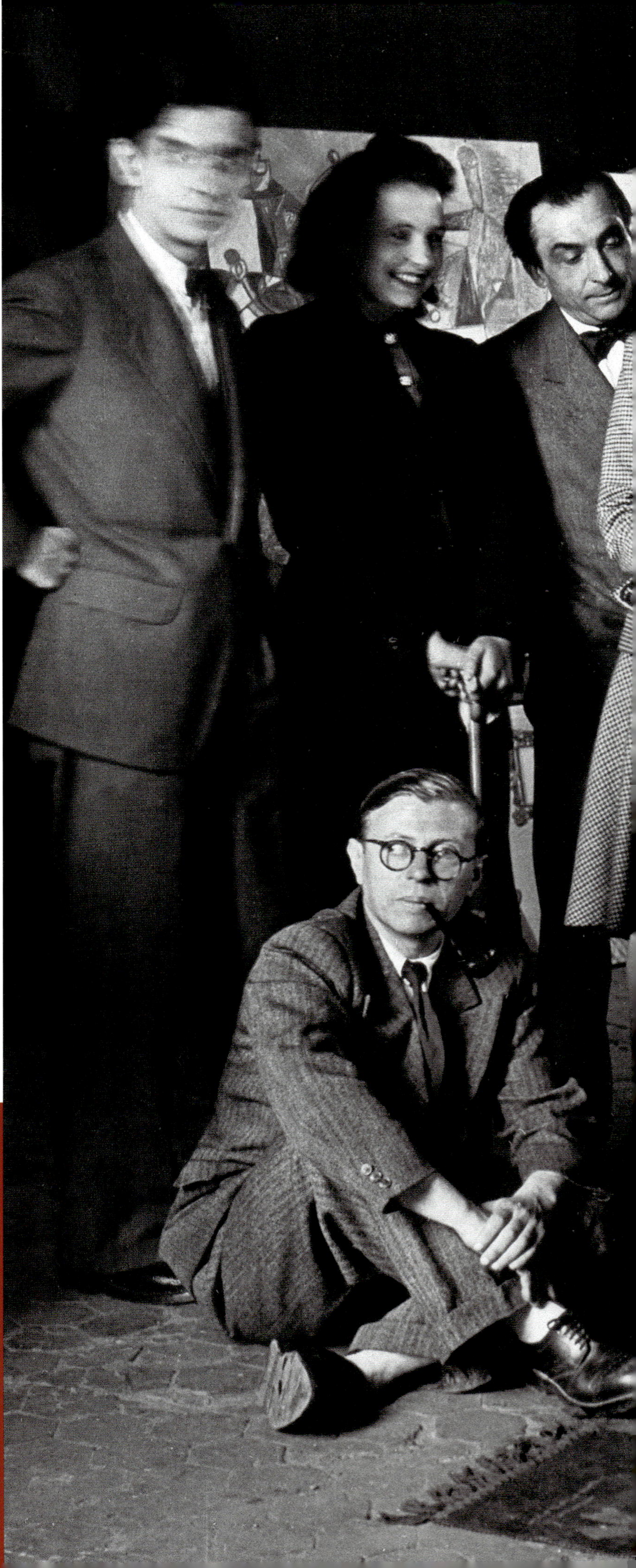

“他悠然自在，看得出与观众有一种亲近的关系，［……］介入到一种由读者展现的既在场又不在场的游戏之中，就像一个出色的演员扮演厌倦于做命运的‘命运’一样。”

《幸运的居民》，法亚尔出版社，1980年

玛利亚・卡萨莱斯谈阿尔贝・加缪，她是在1944年3月巴勃罗・毕加索的唯一一部戏《被抓住尾巴的欲望》的首演时遇见加缪的。

先生：

您使我睡不着觉。我今天还是给您寄去您所要求的签字。但是您的信没有什么感动我、说服我的东西。

我在您的豁免要求上签了字，其理由却与您给我的东西毫无关系。您使我直接面对问题的信只是让我重新找到了理由。

我一直厌恶判决死刑，我认为，至少作为个人，我不能参与判决，即使是缺席。

就是这样，我想这将会使布拉齐拉克的朋友发笑。

但是，至于这一位，如果他被赦免，或者停战协定一两年之后赦免他，关于我的信，我希望您能对他说明这一点。

我在您的信上签字并不是为了他。不是为了一个我认为没什么了不起的作家，也不是为了一个我完全看不起的人。如果说我曾经对他感兴趣的话，那么想到两三个朋友被布拉齐拉克的朋友毁伤和杀害，而且此举受到他的报纸的鼓励，我也不能这么做。

您说他是出于偶然才有了政治见解，我对此毫无所知。但是，我知道使您丧失名誉的选择不是偶然的。

我的签字处于你们的签字之中，这并非出于偶然，而布拉齐拉克的签字从来就不利于波利策或雅克·德古尔。

我希望您对布拉齐拉克说明这一点，也说明我不是一个充满仇恨的人，我甚至更倾向于退休而不是政治。

也许他会明白他缺少分寸，这种分寸的缺失使我永远也不会同他握手。

阿尔贝·加缪给马塞尔·埃梅的信

1 - 作为出版者和成名作家的加缪。摄影师卡提耶—布莱松，马涅姆图片摄影报道事物所的创始人，抓住了阿尔贝·加缪鲜活的瞬间（右图及前页图片）。这两张照片世界闻名。

2 - 1945年8月，加缪出席贝当元帅的审判。

1

“您说他是出于偶然才有了政治见解，我对此毫无所知。但是，我知道使您丧失名誉的选择不是偶然的。”

阿尔贝·加缪给马塞尔·埃梅的信

“我只恨刽子手。任何想要从这个角度正确地阅读《致一位德国朋友的信》，即一份反对暴力的材料的读者，都会同意，我敢说现在我不否定信中的任何一个字。”

《致一位德国朋友的信》，序言

你们失败的时刻就这样到来了。我在一座名闻天下的城市里给你们写信，这座城市正在针对你们为自由的明天做准备。它知道这不容易，它还要穿过一个比四年前由于你们的到来而开始的那个夜更加黑暗的夜。我在一个被剥夺了一切的城市里给你们写信，没有光明，没有火，饥饿，但是绝不屈服。很快就会有某种东西起来，而你们却想不到。如果我们够好运，我们会一个接一个地面对。我们知道为什么战斗：我知道你们的理由，你们也能想象出我的。

7月的夜既轻盈，又沉重。塞纳河上和树木间是轻盈的，盼望着唯一的黎明的那些人心中却是沉重的。我等着，我想到了你们：我还有最后一件事要对你们说。我想对你们说，我们原可能如此相像，如今却成了仇敌，我本来可以和你们站在一起，现在却一切都完了。

我们都长时间地相信这个世界并没有能够支配一切的理由，我们的欲望不能满足。我仍在某种形式上相信这一点。但是我从中得出了另外的结论，不是你们说的那些，不是多少年来你们试图引进历史的那些东西。今天我问自己，我是否真的理解你们所想，或许我应该承认你们有理由做这些事。但这太严重了，我最好就此搁笔，在这个对我们充满了许诺、对你们充满了威胁的夏夜。

《致一位德国朋友的信》

1

“但是，我只想预防一种误会。当这些信的作者称‘你们’的时候，他不是说‘你们德国人’，而是说‘你们纳粹’。当他说‘我们’的时候，并不总是说‘我们法国人’，而是说‘我们自由的欧洲人’。我所对立的是两种态度，而不是两个民族，尽管在某个历史时刻，这两个民族可以代表两种敌对的态度。[……]”

《致一位德国朋友的信》

“这是一个可怕、残酷的消息。这些日子我心里一直揣着它，不能释怀。今天我最大的遗憾是我未曾对他说我是多么爱他，他的生命对我而言是多么珍贵。但是男人不说这种事。他们一直等到相互失去，而那时就太晚了。”

阿尔贝·加缪致艾伦·莱诺的信，1944年

“他一旦认准了什么是正确的，就什么也阻挡不了他。需要好几筐子弹才能消灭他。”

艾伦·莱诺的《遗诗》的引言

“关于这一点，应该增加仇恨的诱惑。看到所爱的人被杀并不是培育慷慨之情。应该战胜这种诱惑。我这样做了。这是一种有价值的经验。”

《明天，我们的慷慨的赌注》，J. 布洛克—米歇尔的采访，1957年10月24日至30日

2

3

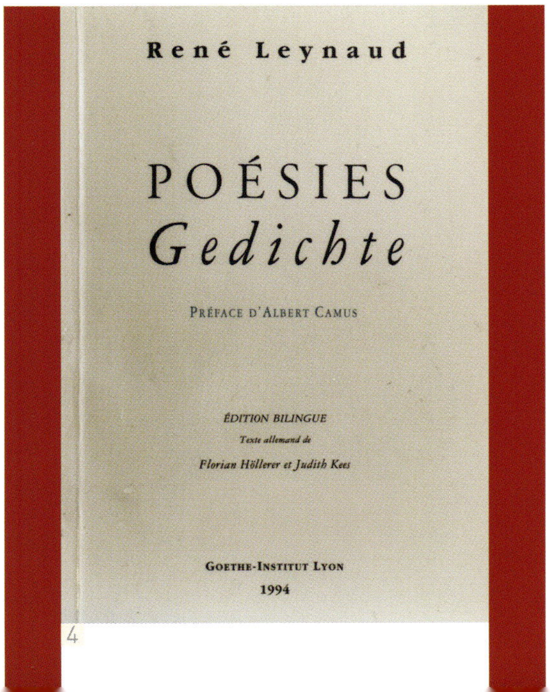

René Leynaud

POÉSIES

*Gedichte*

PRÉFACE D'ALBERT CAMUS

ÉDITION BILINGUE

*Texte allemand de*

*Florian Höllerer et Judith Kees*

GOETHE-INSTITUT LYON

1994

4

“[ …… ] 他是那样地热爱真理，热爱生活，热爱世界上一切光明正大的东西。”

艾伦·莱诺的《遗诗》的引言

“真理需要见证。莱诺是见证之一，这就是为什么今天我想念他。”

艾伦·莱诺的《遗诗》的引言

1 - 1945年，加缪住在巴黎的布基瓦尔。他发表了《致一位德国朋友的信》（四封），纪念他的朋友、抵抗分子勒内·莱诺，后者于1944年被枪杀。这些信见证了超越仇恨的过程。

2, 3, 4 - 1947年伽利玛出版社出版了艾伦·莱诺的诗，阿尔贝·加缪作序。照片中是艾伦·莱诺的诗集最近的双语版本。

1

“我们将用一句话总结。机械文明已经到了野蛮的最后阶段。在不远的未来，必须在集体自杀和聪明地利用科学成就之间进行选择。”

《加缪在〈战斗报〉》，1945年8月5日，收入《现时集·编年史，1944—1948》

2

“事实上，在一大堆充满激情的评论中，人们告诉我们，任何中等城市都完全可以被一颗足球大小的炸弹夷平。”

《加缪在〈战斗报〉》，1945年8月8日，收入《现时集·编年史，1944—1948》

1 - 广岛市上空的蘑菇云。

2 - 原子弹爆炸后，日本长崎的末日景象中的尸体。

3 - 1945年8月6日，加缪将其看作人类历史中的一个重要阶段：美国在广岛投下了原子弹。1945年8月9日，第二颗原子弹摧毁了长崎。“人类面临着可怕的前景”，加缪愤怒了。

1

2

1 -《卡利古拉》的海报，埃贝尔托剧院。1945年9月26日彩排。

2 - 从左至右：阿尔贝·加缪、雅克·埃贝尔托、保尔·奥特里。

3 - 杰拉尔·菲利普扮演主角卡利古拉。

4 - 米歇尔·布盖和杰拉尔·菲利普。玛丽·维东设计该剧的服装。

5 -《卡利古拉》的排练。

“我发现了一个非常简单的真理。人都会死，并且不幸福。”

《卡利古拉》

“卡利古拉翻倒在床上，喜气洋洋，大笑不禁：不，看看他们，卡索尼娅。什么都不行了。正直，尊重，还能说什么，国家的智慧，什么都不想说了。一切都消失在恐惧面前。恐惧，嘿，卡索尼娅，这种美好的情感，没有杂质，纯净，无私，一种从内里获得高贵的稀有情感。（他用手摸了摸额头，喝了一口酒。用一种友好的口吻。）现在说说别的事情吧。看看，谢丽雅，你不说话。”

《卡利古拉》，第2幕第5场

3

4

5

## “我们刚刚拥有了一对龙凤双胞胎。”

阿尔贝·加缪致尼古拉·夏洛蒙特的信，1945年10月5日

1 - 阿尔贝·加缪致尼古拉·夏洛蒙特的信件手稿。

2至5 - 从1942年10月到解放时，弗朗西娜一直生活在奥兰，在那儿当小学教师，现在可以考虑与丈夫团聚了。1944年9月，经过长途跋涉，她终于乘坐穿越大西洋的轮船到了法国。弗朗西娜生了一对双胞胎：卡特琳娜和让。

6 - 1954年11月，阿尔贝·加缪在吉·索莱尔位于布基瓦尔的产业中。孩子在《卡利古拉》紧张排练期间诞生，距在埃贝尔托剧院的彩排只有几天。

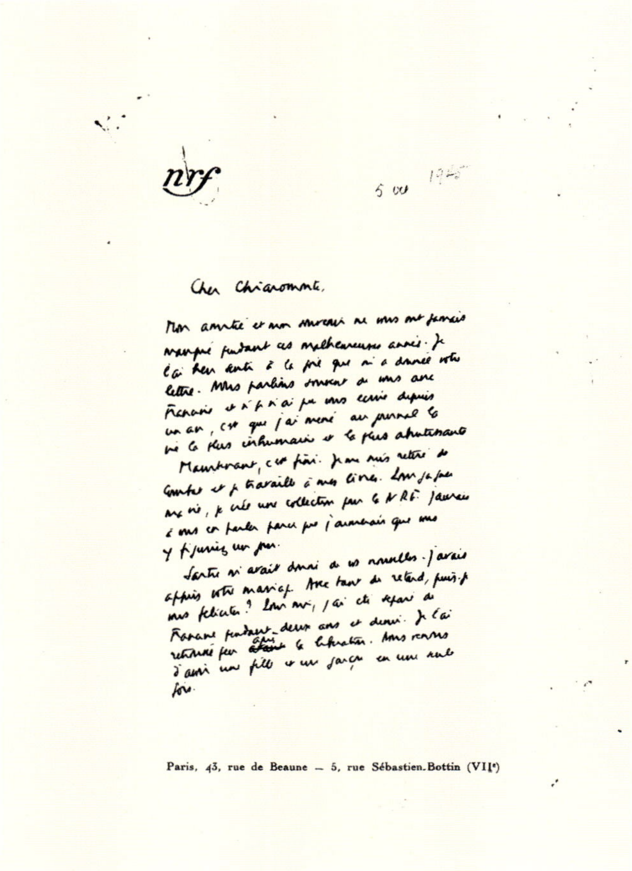
nrf

5 oct 1945

Cher Chiaromonte,

Paris, 43, rue de Beaune — 5, rue Sébastien-Bottin (VIIe)

1

2

3

4

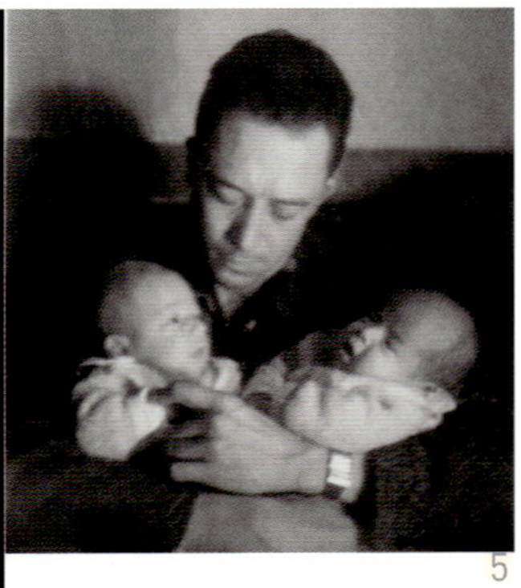
5

6

1

2

3

1, 2, 3 - 1945年11月弗朗西娜和加缪与双胞胎在布基瓦尔。

4 - 1945年加缪在圣奥诺拉岛。面朝夏纳，加缪又见到了地中海。

4

## 恐惧的世纪

但是恐怖恰恰不是有利于思考的气氛。我同意，不过，不要去谴责这种恐惧，而要将其看作局势的基本成分之一，试着去挽救。再也没有比这更重要的事了。因为这关系到大量欧洲人的命运，他们饱尝暴力和谎言，不再抱有更大的希望，对残杀同类的思想感到厌恶，这是为了说服他们，而他们同样厌恶以相同的方式被说服。然而，这是一种抉择，人们把一大批人放在欧洲，他们不属于任何党派，或者对他们所选择的党派感到不适，他们怀疑社会主义在俄国、自由主义在美国的实现，他们承认这两者均有权宣布他们的真理，但是，他们拒绝通过个人或集体的谋杀将真理强加于人。在当前的权贵中，这是一些没有王国的人。

《不做牺牲品，也不做刽子手》，《恐惧的世纪》

# 反抗　1946—1951

“什么是反抗的人？就是说不的人。然而他拒绝，却不放弃：他同时是从第一个行动开始就说是的人。”

《反抗的人》

“我们重返纽约港。尽管或幸亏有雾，演出很精彩。秩序，效率，这就是经济的力量。”

《加缪笔记，1935—1948》

2

1

纽约的雨是一种流放之雨。丰沛，黏稠，密集，不知疲倦地流淌在水泥的立方体的高处，突然变得阴暗的大街上，仿佛井底一样。躲在一辆出租车里，停在两个红灯之间，又在绿灯前重新冲出，人们在单调、迅速、扫除不断出现的水的雨刷后面突然感觉掉进了陷阱。可以保证，人们能够几个小时地这样开车，永远也离不开这个四方的监狱，这个人们在其中行走的蓄水池，而不存有看见一座丘陵或一株真正的树的希望。在灰色的雾中，变得发白的摩天大楼像一座死人的城市的坟墓一样耸立着，好像在地基之上稍微有些摇晃一般。这是下班的时间。八百万人，铁和水泥的气味，建设者的疯狂，然而却是极端的孤独。“尽管如此，我还是拥抱着全世界的人，我什么都能得到。”

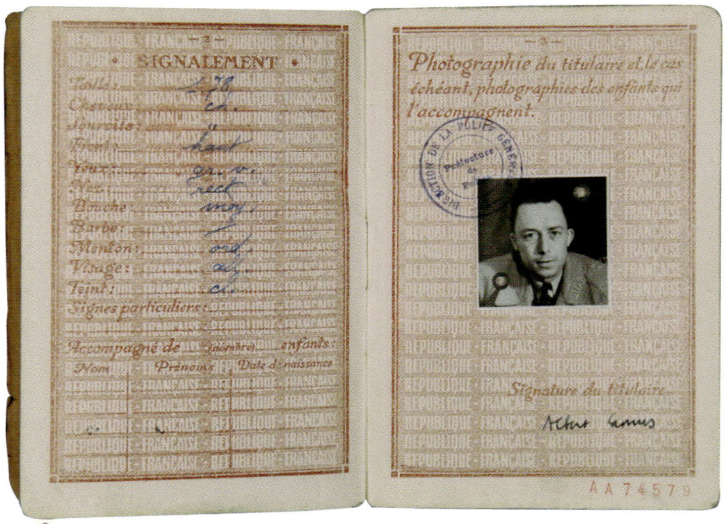


3

“……我身上带着纽约，仿佛人们在眼睛里传送一个陌生的躯体一样，带着因温情和否定一切的愤怒而产生的泪水。也许这正是人们称之为激情的东西。”

《纽约的雨》

4

“是的，我不知所措。我知道有些城市像某些女人一样，推搡你，擦破了灵魂，从你的全身带走珍贵的灼伤，既是丑事，又是乐趣。”

《纽约的雨》

5

1, 3, 5 - 加缪的护照：加缪应邀做一系列演讲，横穿大西洋。

2 - 1946年3月10日，加缪在勒阿弗尔登上“俄勒冈号”轮船前往纽约，这是一艘没有起居设备的货船。

4 - 1945年前后的纽约，曼哈顿和哈德逊河沿岸的景色。

1 - 纽约时代广场上百老汇的灯光。

2 - 阿尔贝·加缪在纽约会见雅克·舒勒尔。

3 - 哈勒姆区的孩子们在玩水。

4 - 携带物品清单，两个月后，加缪回到一直是定量配给的法国。

5 - 加缪顺便去了加拿大，结束了旅行。

如果没有天空的话，纽约也许就什么都不是了。延伸到视野的四个角落，赤裸，张扬，这天空赋予城市早晨的荣耀和夜晚的尊贵，在这样的时刻，烧得通红的落日扑在第八大道上，扑向巨大的人群，他们在入夜之前便已在照亮的橱窗前走动。河岸上还有晚霞的余晖，人们看着高速公路顺着哈德逊河、在被夕阳染红的河水前，从下往上流向城市；车速缓慢而平稳的不间断的车河突然响起了歌声，令人想起波浪声。[……] 天空变暗，白日将尽，纽约又变成了伟大的城市，白天是牢狱，晚上是柴堆。

《纽约的雨》

1

“我爱过纽约，以一种有时使您充满犹豫和厌恶的强烈的爱：人们有时候需要流放。”

《纽约的雨》

2

3

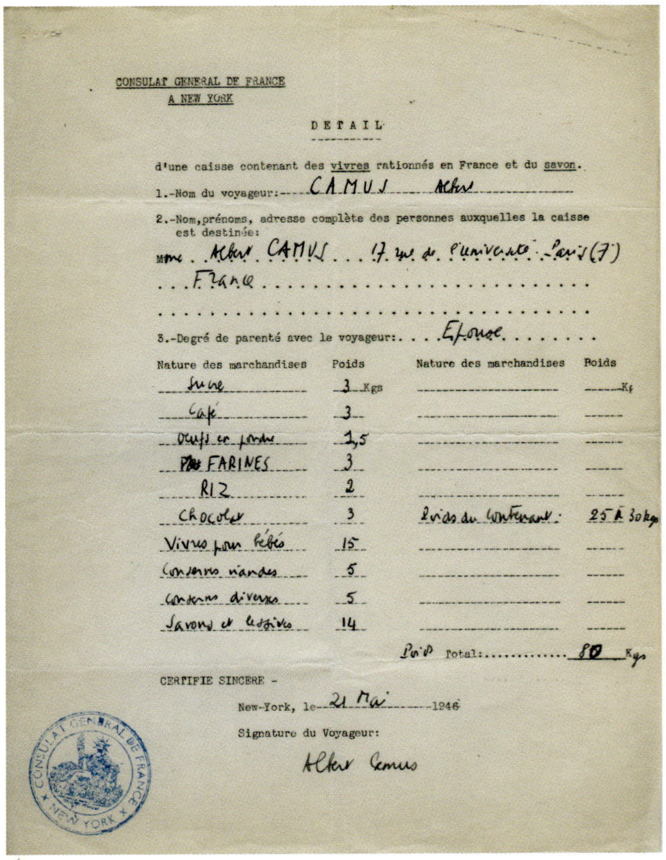

CONSULAT GENERAL DE FRANCE
A NEW YORK

DETAIL

d'une caisse contenant des vivres rationnés en France et du savon.

1.-Nom du voyageur: CAMUS Albert

2.-Nom, prénoms, adresse complète des personnes auxquelles la caisse est destinée:

Mme Albert CAMUS 17 rue de l'Université Paris (7e) France

3.-Degré de parenté avec le voyageur: Epouse

| Nature des marchandises | Poids | Nature des marchandises | Poids |
|---|---|---|---|
| Sucre | 3 Kgs | | Kg |
| Café | 3 | | |
| Oeufs en poudre | 1,5 | | |
| FARINES | 3 | | |
| RIZ | 2 | | |
| Chocolat | 3 | Poids du contenant : | 25 à 30 kgs |
| Vivres pour bébés | 15 | | |
| Conserves viandes | 5 | | |
| Conserves diverses | 5 | | |
| Savons et lessives | 14 | | |

Poids Total: 80 Kgs

CERTIFIE SINCERE -

New-York, le 21 Mai 1946

Signature du Voyageur:

Albert Camus

CONSULAT GENERAL DE FRANCE NEW YORK

4

5

“魁北克的奇妙景色。在圣劳伦斯河的巨大缺口前面，在戴梦德角的顶端，空气、光和水在无尽的范围内混为一体。第一次，在这片大陆上出现了美和真正崇高的真实的印象。”

《加缪笔记，1935—1948》

1

2

3

4

5

6

1至4 - 1946年8月，在米歇尔·伽利玛的母亲位于旺代省布莱夫的产业内。加缪在弗朗西娜的陪伴下休息，继续《鼠疫》的写作。

5, 6, 8 - 双胞胎、加缪和弗朗西娜。

7 - 阿尔贝·加缪给自己的译作，詹姆斯·修博的《最后一朵花》的题词。他把它献给他的孩子们。

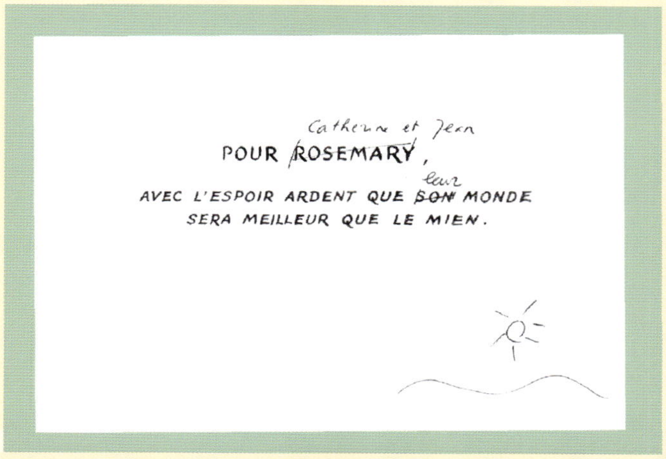

POUR ~~ROSEMARY~~ Catherine et Jean,

AVEC L'ESPOIR ARDENT QUE ~~SON~~ leur MONDE SERA MEILLEUR QUE LE MIEN.

7

“致卡特琳娜和让：热望他们的世界比我的更好。”

8

“三十岁，几乎是一夜之间，我成了名人。我并不后悔。我日后可能会因此而做噩梦。现在我知道了名声是怎么回事，它什么都不是。”

《加缪笔记，1938—1948》

“当人们观察时间的时候，它流逝得并不快。它感觉到有人在看着它。但是它利用了我们的分心。也许存在两种时间：人们观察到的时间和改变我们的时间。”

《加缪笔记，1935—1948》

1

2

3

4

1 - 米歇尔·伽利玛、阿尔贝·加缪和阿娜·伽利玛。

2 - 1942年《局外人》出版时，米歇尔·伽利玛和阿尔贝·加缪相识。两个人都患有结核病，都知道生命的代价；他们是很好的朋友。

3 - 阿尔贝·加缪被彼埃尔·伽利玛和米歇尔·伽利玛抬着。

4 - 米歇尔·伽利玛、雅尼娜·伽利玛与阿尔贝·加缪在格拉斯。

5 - 阿尔贝·加缪和让·博朗、马塞尔·阿尔朗在伽利玛的花园里，自1945年起，他们分别担任《新法兰西评论》的主编和副主编。

1 - 1946年，阿尔贝·加缪与路易·吉约成为朋友。1948年，借希蒂—马达尼会议之机，加缪邀请他到阿尔及利亚，希蒂—马达尼是一座位于布里达郊区的村庄。1958年，路易·吉约重版《人民之家》的时候，作为序言，收入加缪于1948年发表在《加里班》上的文章。

2 - 加缪惬意的面容，1946年，他享受在珀尔尼克的放松时刻。

3 - 阿尔贝·加缪和勒内·夏尔在索格河上的里尔，诗人重返故乡。阿尔贝·加缪在此休息，远离巴黎，完成了《鼠疫》。

4 - 阿尔贝·加缪于1946年给勒内·夏尔的信的手稿。

5 - 1945年10月，加缪在伽利玛出版社主编"Folio"丛书，其中出版了勒内·夏尔的《伊帕诺斯散叶》，此为该书的封面。

6 -《太阳的子孙》是一本诗和照片的合集，诞生于阿尔贝·加缪和勒内·夏尔之间深厚的友谊，于他们身后出版。

在期刊和关于进步的专家撰写的书籍中，人们经常把无产者当作一个具有奇特习惯的群体，因此人们以一种使无产者呕吐的方式谈论他们，如果他们为了了解进步的进程而有时间读一读专家们写的东西的话。从令人厌恶的奉承到天真的蔑视，很难知道在这些说教中什么是最令人感到受辱的东西。[……]至少有些人[……]还知道什么是合适的语言。这就是我为什么欣赏和喜欢路易·吉约作品的原因，它既不奉承也不蔑视他所谈及的人民，他使他们恢复了唯一的崇高，人们不能剥夺他们这种关于真理的崇高。

路易·吉约《人民之家》的序言

2

1

"吉约。'最终，人们写作不是为了诉说，而是为了不说。'"

《加缪笔记，1949—1959》

“夏尔是法国自兰波以来最伟大的诗人。”

《圣保罗日报》的采访，1949年

3

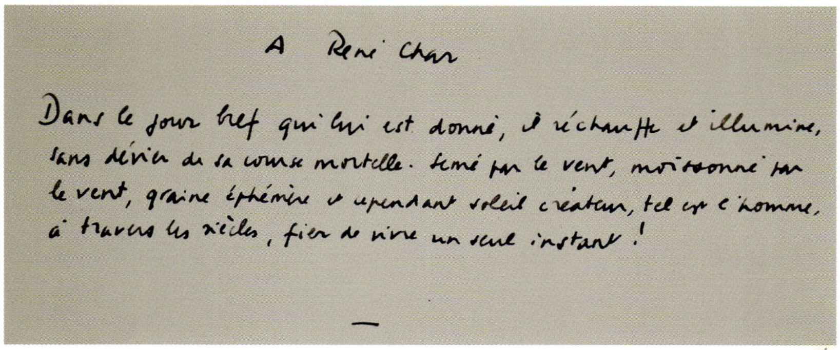

A René Char

Dans le jour bref qui lui est donné, il réchauffe et illumine, sans dévier de sa course mortelle. Semé par le vent, moissonné par le vent, graine éphémère et cependant soleil créateur, tel est l'homme, à travers les siècles, fier de vivre un seul instant !

—

4

“看到您走了，我很伤感。我这么跟您说。有些相会跟朝霞一样丰饶。”

勒内·夏尔致阿尔贝·加缪，1947年10月4日

“［……］他（夏尔）重新恢复朝气，这是南方思想的坚韧而罕见的传统。夏尔出生在这种真实的光亮之中。这些恢复健康的话大有深意，它从高傲而温柔、在夜间阴郁而令人心碎、在早晨无比年轻的普罗旺斯朝我们走来，像所有地中海的地区一样，普罗旺斯耐心地保留着生命之泉，筋疲力尽、感到羞耻的欧洲终有一天会来此痛饮。”

《这一晚，幕布拉开……勒内·夏尔登场》

“《太阳之后》诞生于和年轻的摄影师亨利埃特·格兰达的相遇，诞生于加缪愈来愈浓的游历这个地方的乐趣，诞生于我的欲望［……］。”

勒内·夏尔，“一段友情的诞生”，《太阳之后》

5

“过了段时间，解放以后，我收到加缪的一封来信，向我要《伊帕诺斯散叶》，伽利玛几周前有了手稿，要收进“希望”丛书。我不知道加缪开始编辑这套丛书，他看中了一些著作。加缪的信的措辞使我高兴，促使我把《伊帕诺斯》给他。我读了《战斗报》上的几篇文章。我喜欢它准确的语调和它的诚实。我的认识仅限于此。”

《太阳之后》，勒内·夏尔的后记，《1946—1959年通信集》，伽利玛出版社，2007年，第21页

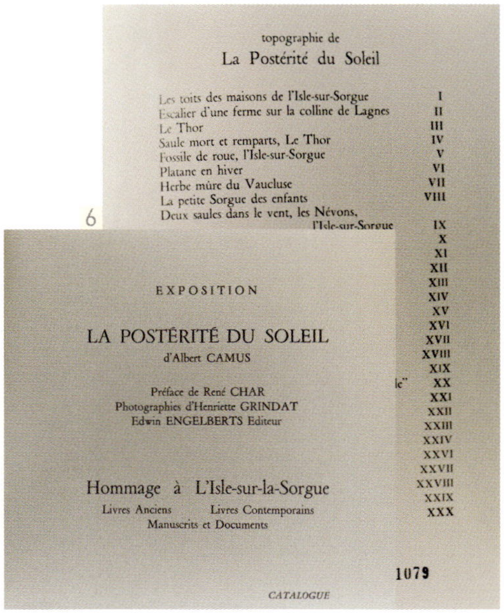

topographie de
La Postérité du Soleil

Les toits des maisons de l'Isle-sur-Sorgue I
Escalier d'une ferme sur la colline de Lagnes II
Le Thor III
Saule mort et remparts, Le Thor IV
Fossile de roue, l'Isle-sur-Sorgue V
Platane en hiver VI
Herbe mûre du Vaucluse VII
La petite Sorgue des enfants VIII
Deux saules dans le vent, les Névons, l'Isle-sur-Sorgue IX
X XI XII XIII XIV XV XVI XVII XVIII XIX XX XXI XXII XXIII XXIV XXVI XXVII XXVIII XXIX XXX

EXPOSITION

LA POSTÉRITÉ DU SOLEIL
d'Albert CAMUS

Préface de René CHAR
Photographies d'Henriette GRINDAT
Edwin ENGELBERTS Editeur

Hommage à L'Isle-sur-la-Sorgue
Livres Anciens Livres Contemporains
Manuscrits et Documents

1079

CATALOGUE

6

1 -《鼠疫》于1947年出版。这是一本关于压迫的不同形式的隐喻的小说。

2 -《〈鼠疫〉档案》。这本集子汇集了关于《鼠疫》写作的先行研究，出版于1947年，收入《七星丛书手册》第二集。《鼠疫》是成功的，不过加缪在1946年的《笔记》中说："《鼠疫》。我一生中从未有过如此的失败感。我甚至不能保证能否走到底。但是，某些时候……"

3, 4 - 1947年5月，阿尔贝·加缪获批评奖，接受众多记者的采访。

5 - 加缪，1947年。作家三十四岁了。

6 - 儒勒·鲁阿、加布里埃尔·奥迪奇奥、亚妮娜·蒙杜佩和阿尔贝·加缪在签名售书会上。

"我们城中许多新的道德家当时说，做什么都没有用，还是屈膝为好。而塔鲁、里厄及他们的朋友可能做出这样或那样的回答，但是结论总是他们看清楚的东西：必须以某种方式进行斗争，而不是认输。整个问题在于设法使尽可能多的人不死，使尽可能多的人不致永久地分离。对此只有一个办法，那就是与鼠疫作战。"

《鼠疫》

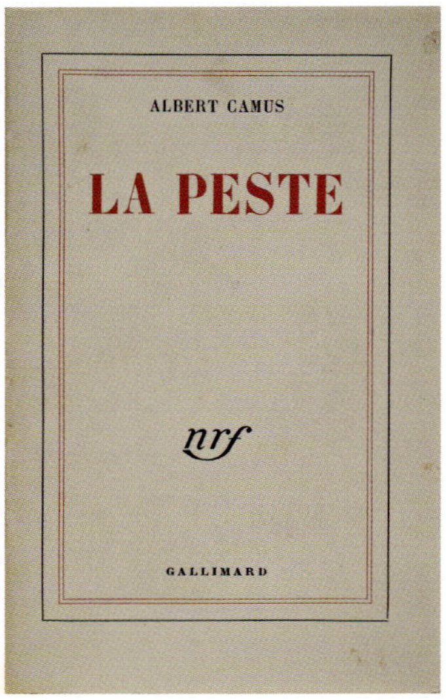


1

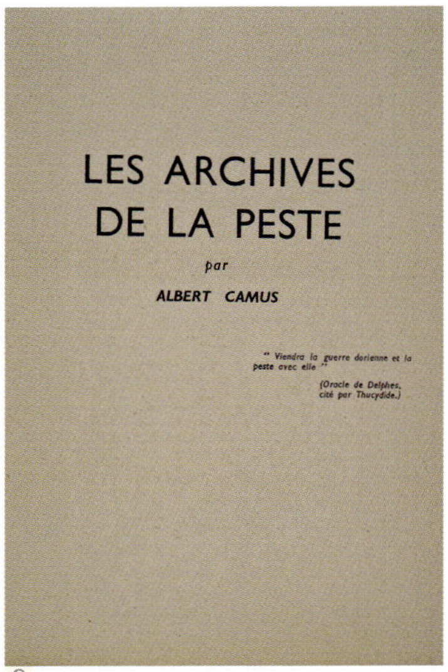


2

"这是一部非常伟大的著作，它将越来越伟大。"

路易·吉约致阿尔贝·加缪，《加缪传》，奥·托德著，伽利玛出版社，1999年，第481页

4

3

"[……]每个人身上都带着它，鼠疫，因为世上没有人，不，没有人不受到伤害。应该时刻小心，才能在分心的一刹那间不对着别人的脸呼吸，不传染给他。"

《鼠疫》

5

"[……]只有细菌是自然产生的。其余的，例如健康、正直、纯洁，可以说是出自意志的作用，出自一种永远也不该停止的意志的作用。正直的人，即几乎不把疾病传染给任何人的人，是那种尽可能不分心的人。"

《鼠疫》

6

"给勒内·夏尔。'唯一的存在……'，纪念《鼠疫》的年代，因为它把我们理所应当地团结在一起。请接受阿尔贝·加缪的赞赏和兄弟般的情谊。"

加缪送给夏尔的书上的题词，1947年

"亲爱的加缪：

我太累了，没办法告诉您我认为的《鼠疫》的所有精彩之处。这本精彩的书使我更加明白为什么我感到我们之间有如此深厚的情谊。"

安德烈·纪德给阿尔贝·加缪的信，1947年6月16日

1, 2, 3 -《鼠疫》成功之后，阿尔贝·加缪、弗朗西娜和双胞胎兄妹在距圣埃蒂安不远的帕那里埃的一家家庭旅馆中度假，该旅馆由导演保尔·奥特里的母亲管理。加缪曾多次来此：1942年为了写作《误会》，然后是1943年。半山区的纯净空气对加缪的健康而言是很理想的。

4, 5, 6 - 与弗朗西娜和孩子们在一起的放松时刻。

1

“帕那里埃，1947年6月17日。美好的一天。在山毛榉的顶上，周围是一片颤动的、闪闪的、温柔的光亮。仿佛所有的枝条都在发光。”

《加缪笔记，1935—1948》

2

3

5

4

6

1 - 加缪和他的女儿卡特琳娜。

2 - 弗朗西娜和18个月的双胞胎。

3 - 1947年夏，弗朗西娜·加缪在帕那里埃。

1

2

可是，当那些房间里充塞着画和孩子的时候，就该立刻考虑新的设施了。第三个孩子出生之前，约拿在大房间作画，路易丝在小房间织毛衣，两个孩子占着第三个房间，过得舒舒服服，他们还可以在整套房子里乱滚。

《流放与王国·约拿或工作中的艺术家》

3

1 -《戒严》的故事发生在佛朗哥独裁统治下的西班牙。加缪以相反的方式重拾《鼠疫》的主题。1948年在马里尼剧院首演。没有取得预想的成功。

2, 5 - 让—路易·巴罗和阿尔贝·加缪在一起，他担任导演。巴尔图斯负责布景和服装，阿尔图尔·奥奈格负责音乐。

3 - 最前面的是让—彼埃尔·格兰瓦尔和让·德萨伊。

4 - 阿尔贝·加缪在玛德莱纳·勒诺和让—路易·巴罗身边。玛·勒诺1946年离开法兰西剧院，和她的丈夫让—路易·巴罗一起创办勒诺—巴罗剧团，该剧团于1948年演出了《戒严》。

“《戒严》在巴黎演出的时候，不费力就获得了评论界的一致批评。当然，很少有戏剧能受到如此全面的抨击。这个结果更令人遗憾，我一直认为《戒严》尽管有种种缺点，但也许是我写的东西中与我最相像的。”

美国版序，1958年，《戒严》，附录

“鼠疫：我统治，这是一个事实，因此这是一项权利。这是一项无须你们讨论的权利：你们必须服从。

渔夫：波浪啊，大海啊，起义者的祖国，这就是你的人民，他不会屈服的。”

《戒严》

2

1

3

4

5

"没有生活的绝望就没有生活的爱。"

《反与正》，序言

1 - 1953年，加缪在跳蚤市场。

2 - 玛德莱纳扮演《鼠疫》中的女秘书，让—路易·巴罗扮演迭戈，同时任导演。玛利亚·卡萨莱斯扮演维克多利亚。

3 - 加缪为《戒严》演出写的前言，该剧于1948年10月27日上演。

4, 6 - 马里尼剧院就《戒严》所做的宣传品的封面。

5 - 彼埃尔·布拉塞和玛利亚·卡萨莱斯。两位演员于1944年一同出演了马塞尔·卡尔内的电影《天堂的孩子们》。

1

2

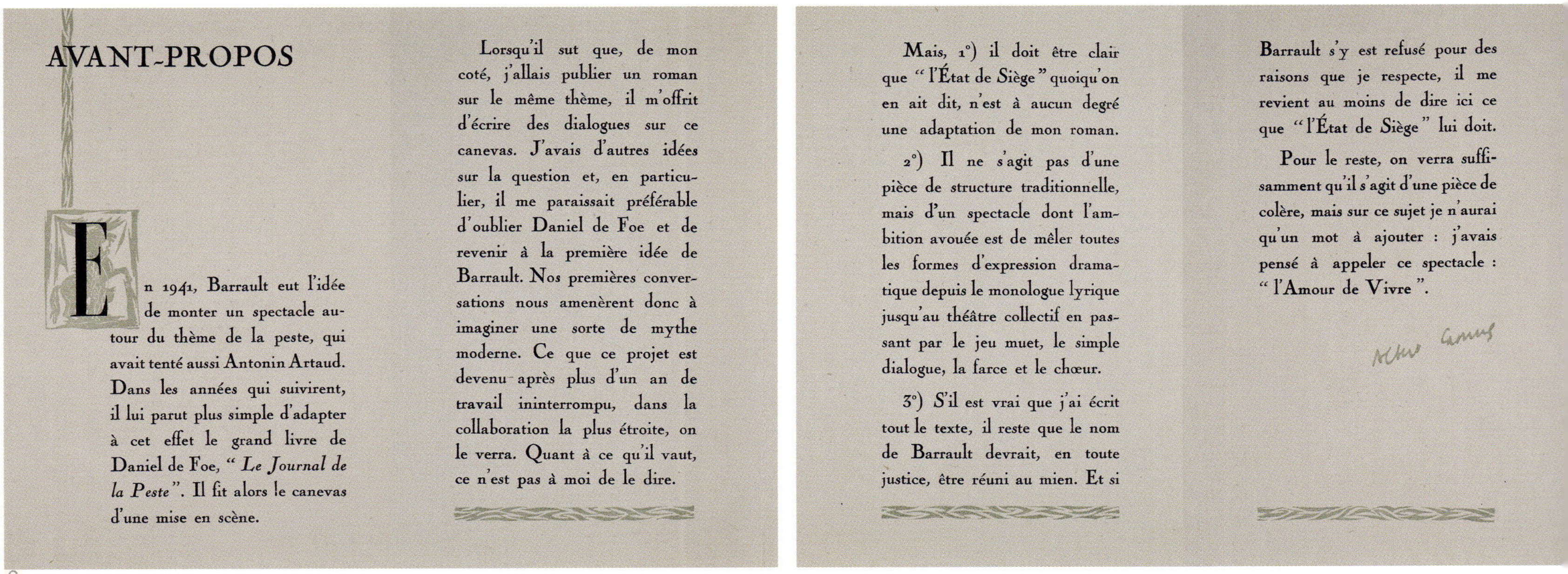

AVANT-PROPOS

En 1941, Barrault eut l'idée de monter un spectacle autour du thème de la peste, qui avait tenté aussi Antonin Artaud. Dans les années qui suivirent, il lui parut plus simple d'adapter à cet effet le grand livre de Daniel de Foe, " *Le Journal de la Peste* ". Il fit alors le canevas d'une mise en scène.

Lorsqu'il sut que, de mon coté, j'allais publier un roman sur le même thème, il m'offrit d'écrire des dialogues sur ce canevas. J'avais d'autres idées sur la question et, en particulier, il me paraissait préférable d'oublier Daniel de Foe et de revenir à la première idée de Barrault. Nos premières conversations nous amenèrent donc à imaginer une sorte de mythe moderne. Ce que ce projet est devenu après plus d'un an de travail ininterrompu, dans la collaboration la plus étroite, on le verra. Quant à ce qu'il vaut, ce n'est pas à moi de le dire.

Mais, 1°) il doit être clair que " l'État de Siège " quoiqu'on en ait dit, n'est à aucun degré une adaptation de mon roman.

2°) Il ne s'agit pas d'une pièce de structure traditionnelle, mais d'un spectacle dont l'ambition avouée est de mêler toutes les formes d'expression dramatique depuis le monologue lyrique jusqu'au théâtre collectif en passant par le jeu muet, le simple dialogue, la farce et le chœur.

3°) S'il est vrai que j'ai écrit tout le texte, il reste que le nom de Barrault devrait, en toute justice, être réuni au mien. Et si Barrault s'y est refusé pour des raisons que je respecte, il me revient au moins de dire ici ce que " l'État de Siège " lui doit.

Pour le reste, on verra suffisamment qu'il s'agit d'une pièce de colère, mais sur ce sujet je n'aurai qu'un mot à ajouter : j'avais pensé à appeler ce spectacle : " l'Amour de Vivre ".

Albert Camus

3

4

5

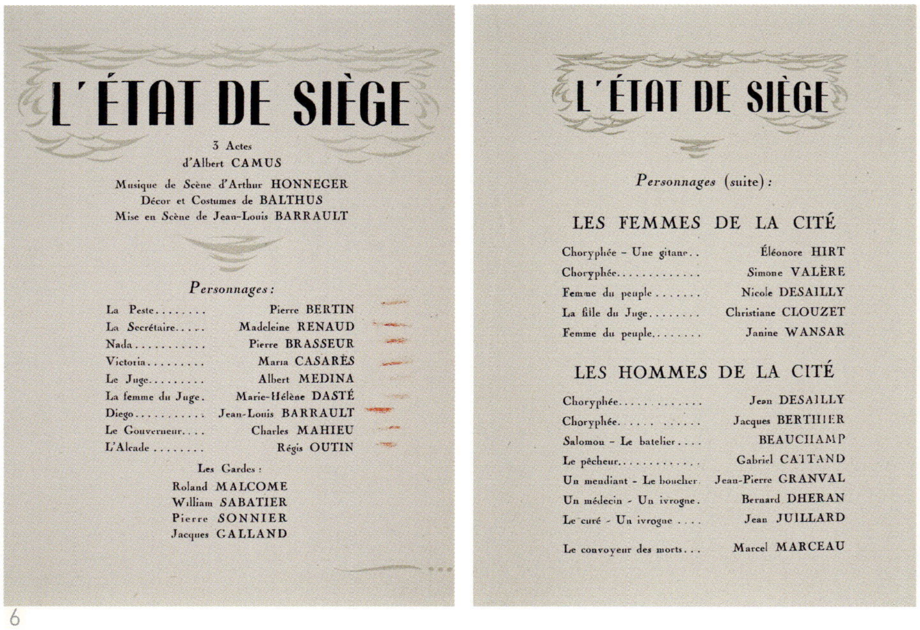

# L'ÉTAT DE SIÈGE

3 Actes
d'Albert CAMUS

Musique de Scène d'Arthur HONNEGER
Décor et Costumes de BALTHUS
Mise en Scène de Jean-Louis BARRAULT

*Personnages :*

| | |
|---|---|
| La Peste........ | Pierre BERTIN |
| La Secrétaire..... | Madeleine RENAUD |
| Nada........... | Pierre BRASSEUR |
| Victoria......... | Maria CASARÈS |
| Le Juge......... | Albert MEDINA |
| La femme du Juge. | Marie-Hélène DASTÉ |
| Diego........... | Jean-Louis BARRAULT |
| Le Gouverneur.... | Charles MAHIEU |
| L'Alcade ........ | Régis OUTIN |

Les Gardes :
Roland MALCOME
William SABATIER
Pierre SONNIER
Jacques GALLAND

# L'ÉTAT DE SIÈGE

*Personnages* (suite) :

## LES FEMMES DE LA CITÉ

| | |
|---|---|
| Choryphée - Une gitane.. | Éléonore HIRT |
| Choryphée............ | Simone VALÈRE |
| Femme du peuple ....... | Nicole DESAILLY |
| La fille du Juge........ | Christiane CLOUZET |
| Femme du peuple........ | Janine WANSAR |

## LES HOMMES DE LA CITÉ

| | |
|---|---|
| Choryphée............ | Jean DESAILLY |
| Choryphée........... | Jacques BERTHIER |
| Salomon - Le batelier.... | BEAUCHAMP |
| Le pêcheur............ | Gabriel CATTAND |
| Un mendiant - Le boucher | Jean-Pierre GRANVAL |
| Un médecin - Un ivrogne. | Bernard DHERAN |
| Le curé - Un ivrogne .... | Jean JUILLARD |
| Le convoyeur des morts... | Marcel MARCEAU |

6

“为什么是西班牙？因为我们是一群洗不去手上这鲜血的人。”

加缪为《战斗报》撰写的文稿，“为什么是西班牙？”，1948年12月，收入《现时集·编年史，1944—1948》

1

2

“我决不原谅欧洲东部发生的这种丑恶的瘟疫，因为它正向东部肆虐，吞噬更大面积的土地。”

《战斗报》，“为什么是西班牙？”，1948年12月，收入《现时集·编年史，1944—1948》

3

4

"雅妮娜不知道为什么这个想法使她心头生出一股愁绪，这愁绪是那么甜蜜，那么浩茫，她不由得闭上了眼睛，细细品味。她只知道这个王国遗址是许给她的，但是它永远不可能属于她，永远不可能了，也许除了那倏忽即逝的一瞬间。在那一瞬间，她睁开了眼睛，看到天空突然静止不动，光明凝固不流。[……] 从此，在所有的地方，生命都停顿了，除了在她的心里。她的心里，这时候有一个人因痛苦和惊喜在哭泣。"

《流放与王国·不贞的妻子》

1 - 让—路易·巴罗、阿尔图尔·奥那格和阿尔贝·加缪。

2 - 阿尔贝·加缪、巴尔图斯、彼埃尔·布拉塞、加布里埃尔·加唐和让—路易·巴罗在马里尼剧院排练《戒严》。

3 - 剧院的团队：让—路易·巴罗、阿尔图尔·奥那格、阿尔贝·加缪、玛德莱纳·勒诺、玛利亚·卡萨莱斯、彼埃尔·布拉塞、巴尔图斯和加布里埃尔·加唐。

4 - 让—路易·巴罗和巴尔图斯（从左至右站立者）。奥那格、玛利亚·卡萨莱斯和阿尔贝·加缪（坐着的人从左至右）。

5 - 1948年10月27日，弗朗西娜·加缪于《戒严》彩排时站在玛德莱纳·勒诺身旁。

中午，我们到了布宜诺斯艾利斯。这时，缺乏睡眠使我疲惫不堪。V.O.来接我，但是没有使馆的人，也没有给我买去蒙得维的亚的票，而我要晚上5点半要在那里演讲。幸亏有V，我们急往布宜诺斯艾利斯，然后到了水上飞机场。V给一个朋友打电话。一切就绪。在交通高峰期，我5点差一刻起程，黄色的水上仍是一片黄色。6点差一刻，到达蒙得维的亚。使馆派了一个人，说最好取消演讲，把我拉到法国中学。那里，校长说毕竟有人来了，他不知如何是好。我建议来一场讨论，尽管我已经筋疲力尽。他们同意了，并要我第二天做两场演讲，一次在11点，另一次在下午6点。讨论会。我上床了，累得要命。

阿尔贝·加缪给彼埃尔·贝尔杰的信的草稿，
《加缪笔记，1949—1959》

1949年7月16日……我到了，M夫人家里很担心。组织马孔巴的圣徒之父（教士，第一舞者）向当日的圣徒征求意见，他没有答应。黑人演员阿布迪亚斯很自责，尤其是没有承诺足够的钱来迫使圣徒的行方便。但是，他同意我们去距里约40公里……的卡克西亚斯，我们或许能碰上一场马孔巴。这是种仪式，意图是恒定的：用唱歌和跳舞让神降临在自己身上。目的是神灵附身。与其他的仪式不同的是，马孔巴是天主教和非洲习俗的混合。说到神或圣徒，有埃舒，恶的精灵和非洲的神，也有奥古恩，就是我们的圣乔治。还有科斯莫和达米安等等。圣徒崇拜在这里归入占有的仪式。每天都有专属的圣徒，人们只在这一天而不是别的日子纪念他，除非有“圣徒之父”的允许。圣徒之父有女儿（我想他还有儿子），他负有证实神灵附身的责任。

《加缪笔记，1949—1959》

“巴西的一场马孔巴”，1949年7月16日游记中未发表的节选。这篇文章充实了《生长的石头》中的一段，后者是《流放与王国》里的一篇随笔

1

“比诸人类的神灵，
我更爱夜晚和天空。”

《加缪笔记，1949—1951》

2

1 - 1949年7月，加缪再次横渡大西洋，前往南美洲做一系列演讲。从阿根廷到智利，作家行程数千公里。加缪在科尔科瓦多山上俯瞰里约热内卢的救世主基督像前。

2 - 加缪和仰慕者在一起。

3 - 加缪在拉丁美洲做演讲时的报刊文章。

4 - 20世纪50年代的巴西里约热内卢。

3

El discutido CAMUS

"En esta época de déspotas, tiranos y dictadores, los creadores debemos defender la gr

LA LIBERTAD ES, SIN DUDA, GRAN PASION DE LOS TIEMPOS MODERNOS

"No soy ni seré existencialista", dijo el filósofo francés Albert Camus, ayer

EL MENSAJE DE ALBERT CAMUS

CAMUS, el AUTOR del ABSURDO

DIJO "NO SOY EXISTENCIALISTA; SIGLO XX ES DE LOS DESPOTAS; FREUD HIZO ULTIMA REVOLUCION"

CULPABLES SERAN AHORA INOCENTES EN PIEZA TEATRAL

报刊文章题目：

“被质疑的加缪。在这专制者、暴君、独裁者的时代，我们这些创造者应该捍卫崇高的激情：自由。”

1949年8月24日

“‘我不是、将来也不是存在主义者。’法国哲学家阿尔贝·加缪昨天说。”

1949年8月16日

“自由无疑是现代崇高的激情。走向新的古典主义—暴君的世纪—创造者的责任—加缪的宣告。”

1949年8月16

“加缪，书写荒诞的作者说：‘我不是存在主义者；20世纪是独裁者的世纪；弗洛伊德掀起了最后一场革命。’”

1949年8月23日

“加缪的启示。”

1949年8月21日

4

“涌动着自然、原始的力量的广阔大陆裹着薄薄的现代盔甲，巴西使我想到被不可见的白蚁渐渐吞噬的一幢大楼。有一天大楼会倒塌，所有拥挤的、黑色的、红色的、黄色的小民散布在大陆上，化了装，拿着长矛，为了胜利而舞蹈。”

《加缪笔记，1949—1951》

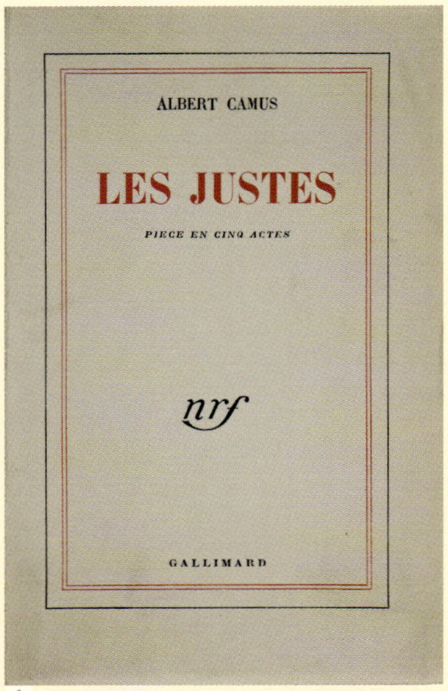


1

2

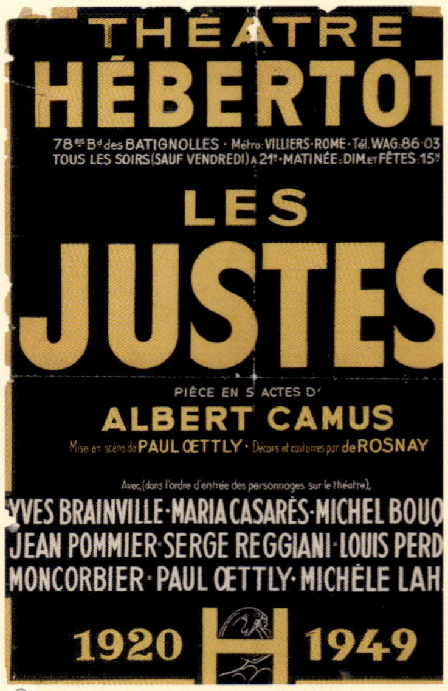


3

1 -《正义者》，阿尔贝·加缪的五幕话剧。这部话剧叙述了1905年由俄国恐怖主义分子组织的一次针对大公的谋杀行动。剧本于1950年由伽利玛出版社出版。

2 - 加缪集中了14幅俄国恐怖分子的照片，其中有卡利亚耶夫被捕时的肖像，下面是手写的说明。

3 - 1949年12月15日，埃贝托剧院上演《正义者》时的海报。

4 - 塞尔日·雷吉亚尼和玛利亚·卡萨莱斯分别扮演卡利亚耶夫和多拉，他们充满了天真无邪的欲望，除了反抗之外没有别的生存的理由。

5 - 剧本的打印稿，有作者的手写说明。

6 - 阿尔贝·加缪与玛利亚·卡萨莱斯。

4

5

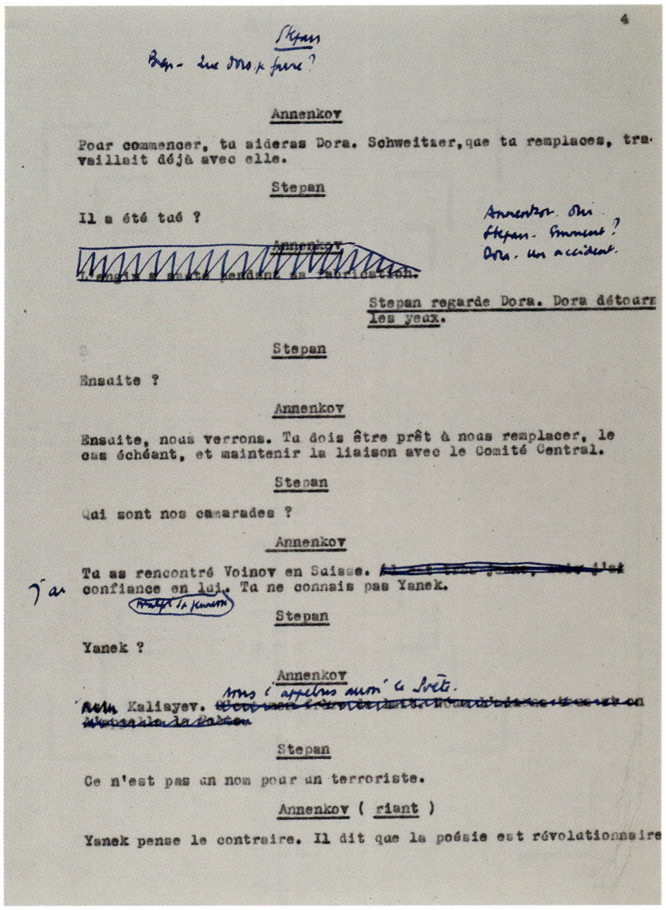

4

Annenkov

Pour commencer, tu aideras Dora. Schweitzer, que tu remplaces, travaillait déjà avec elle.

Stepan

Il a été tué ?

Annenkov. Oui
Stepan. Comment ?
Dora. Un accident.

~~Annenkov~~

~~L'engin a sauté pendant sa fabrication.~~

Stepan regarde Dora. Dora détourn les yeux.

Stepan

Ensuite ?

Annenkov

Ensuite, nous verrons. Tu dois être prêt à nous remplacer, le cas échéant, et maintenir la liaison avec le Comité Central.

Stepan

Qui sont nos camarades ?

Annenkov

Ta as rencontré Voinov en Suisse. J'ai confiance en lui. Tu ne connais pas Yanek.

Stepan

Yanek ?

Annenkov

Kaliayev.

Stepan

Ce n'est pas un nom pour un terroriste.

Annenkov ( riant )

Yanek pense le contraire. Il dit que la poésie est révolutionnaire

“但是面对着这张对我永远是亲切的脸……”

玛利亚·卡萨莱斯，《拥有特权的居民》，法亚尔出版社，1980年，第239页

6

“后来，我对现代悲剧的问题考虑很多。《误会》《戒严》《正义者》，是一些尝试，为了接近这种现代悲剧，每一次都取不同的道路和不相似的风格。”

《巴黎—剧场》的采访

在这冷静、敏锐、坦率、深明底细却又总是饱含同情的目光前；在这种隐秘和热情的、极其激昂的、高傲的、讥讽的、兄弟般的声音面前；他生动的见证从来不试图招徕，而仅限于见证，因此给予听者敬重和尊严；他不知疲倦地叫喊，对神灵和不公正的人，对谎言、痛苦和死亡，对所有的使人屈服的、使人偏离伟大的冒险，即精神的冒险的命令，不管出于什么借口，说不，总之，在他向自己展开的针对厌倦、无故的怨气、冷漠、心不在焉、骄傲和各种诱惑的战斗面前；面对使人变成两足动物的矛盾，他认出并控制这些矛盾，而它们突然在我身上变成我自己的矛盾，与之同时出现的是最大的快乐的生动许诺，最大的快乐也是最残酷、最纯洁的痛苦。

玛利亚·卡萨莱斯，《拥有特权的居民》，
法亚尔出版社，1980年，第239页

“我在剧场里又找到了我所需要的友谊和集体的探险，它们是不感到孤独的最慷慨的方式之一。”

《法兰西晚报》的采访，1958年

［……］当我想到他［……］对什么都好奇，对什么都开放，在各方面都特殊，对什么都陌生，好像一棵离开土地和阳光的树，它在土里伸展它的根，为了找到或重新找到与那些和它一起窒息的树共同呼吸的空气——既自我保护又相互呈现——在一种对世界和人的认识中挣扎，这种认识不给梦留下位置，一天又一天地编织它存在的脆弱的线，他唯一的、狭窄的路出现在与某些人的紧密团结之中，他认为他们是在他唯一接受的秩序中共同生活的人，这种秩序就是忠诚和自我真理的秩序——普罗米修斯选择了西绪福斯的命运，点燃了伊卡尔的翅膀。

玛利亚·卡萨莱斯，《拥有特权的居民》，
法亚尔出版社，1980年，第240页

1

1 - 阿尔贝·加缪、玛利亚·卡萨莱斯和塞尔日·雷吉亚尼在埃贝托剧院的后台。这是玛利亚·卡萨莱斯第三次扮演阿尔贝·加缪的剧中角色。

2 - 在《正义者》中，玛利亚·卡萨莱斯扮演多拉·杜尔波夫，米歇尔·布盖扮演斯特凡·费多洛夫。

3 - 伊夫·布兰维尔、塞尔日·雷吉亚尼、玛利亚·卡萨莱斯、让·波米埃和米歇尔·布盖。

4 - 玛利亚·卡萨莱斯在化妆室里。

2

3

4

多年来，我在死刑中只看到一种无法想象的、不能忍受的痛苦和一种我的理性所谴责的、懒惰的混乱。但是，我想可能是想象力影响了我的判断。实际上，几个星期以来我们没有发现任何加强我的信念或者改变我的推理的东西。相反，在我已形成的论据上，又增加了其他的论据。今天，我绝对地同意凯斯勒的信念：死刑玷污了我们的社会，拥护者不能以理性为其辩护。我不是在重复他的决定性的辩护，亦未堆积起双重作用的事实和数据，让—布洛克·米歇尔的说明已使之化为无用，我只是发挥这些证据，它们延伸了凯斯勒的辩词，同时，这些证据将促使死刑的立刻废除。

《关于断头台的思考》

1

“[……]似乎难以支持它(死刑)像它的功能决定的那样，有助于给国家带来更多的和平和秩序。相反，明显的是它比罪恶更令人厌恶，这种新的谋杀非但不能修补给社会机体造成的损害，反而增加了新的最严重的玷污。这件事情如此真实，谁也不敢直接谈论这种仪式。”

《关于断头台的思考》

3

2

1，4 - 阿尔贝·加缪和弗朗西娜在伦敦。

2 - 1957年，卡尔曼—雷维以“关于死刑的思考”为题刊载了两篇文章，分别是：阿尔图尔·凯斯勒的《关于绞刑架的思考》和阿尔贝·加缪的《关于断头台的思考》。这两篇文章于2002年收入伽利玛出版社的“Folio”丛书。

3 - 阿尔图尔·凯斯勒。

4

1

1, 2 - 1952年，弗朗西娜和阿尔贝·加缪在位于夫人街的住宅的阳台上，这个公寓是他在1950年《鼠疫》获得成功之后买的。

“小说。石头的恋人。现在他知道了整个恋爱期间的痛苦，他不能下决心，如果……正在这时……天上刮来一阵风，在他们爱情的冲动中让他们变成了石头，从此他们脸对着脸，脱离了这块残酷的土地，不知道在他们周围疯狂地流动的欲望，脸对着脸，仿佛对着互为补充的爱情的光辉的脸。”

《加缪笔记，1949—1959》

"一方面，人们固执地混淆婚姻和爱情；另一方面，又混淆幸福和爱情。但它们之间并没有什么共同的东西。这就是为什么有时候婚姻是幸福的，尽管没有爱情要比拥有爱情更为经常。"

《加缪笔记，1949—1959》

1950年，在帕那里埃。自行车上的让、弗朗西娜·加缪、马奈特·马丹、卡特琳娜、阿尔贝·加缪、帕斯卡尔·马丹和加缪的妈妈。

“对我更为可贵的事情是，您接受了为《现时集》题词。我认为，我需要您在这件事情上站在我的身边。”

阿尔贝·加缪给勒内·夏尔的信，1950年5月14日于卡布里

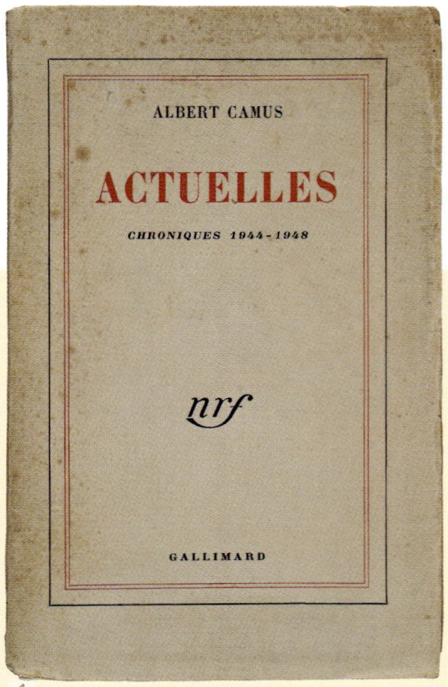


1

2

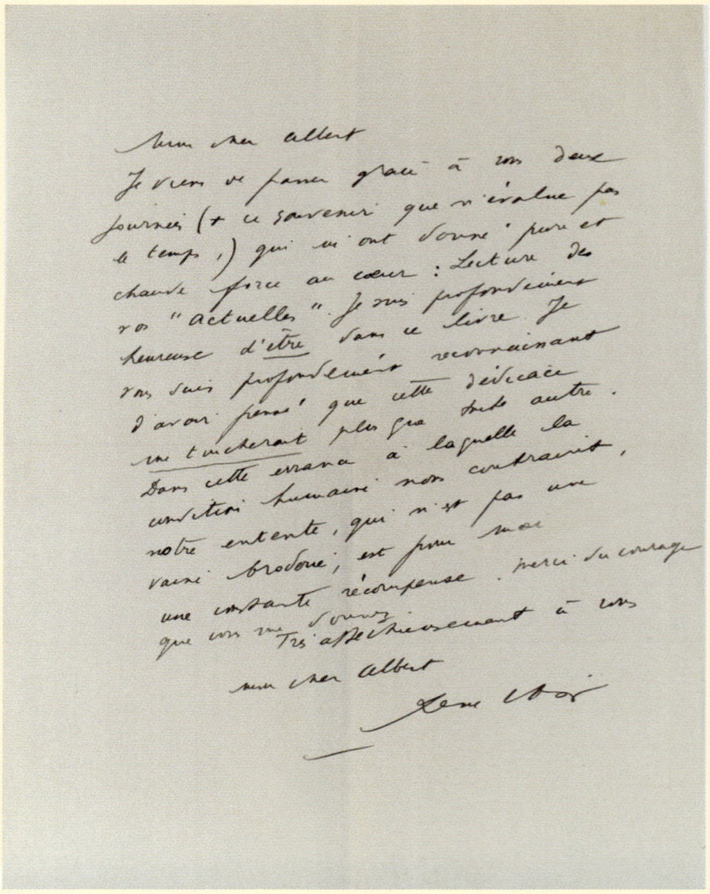

Mon cher Albert
Je viens de passer grâce à vos deux
journées (+ ce souvenir que n'évalue pas
le temps,) qui m'ont donné pure et
chaude force au cœur : Lecture de
vos "Actuelles". Je suis profondément
heureux d'être dans ce livre. Je
vous suis profondément reconnaissant
d'avoir pensé que cette dédicace
ne toucherait plus que toute autre.
Dans cette errance à laquelle la
condition humaine nous contraint,
notre entente, qui n'est pas une
vaine broderie, est pour moi
une constante récompense. Merci du courage
que vous me donnez.
Très affectueusement à vous
mon cher Albert
René Char

3

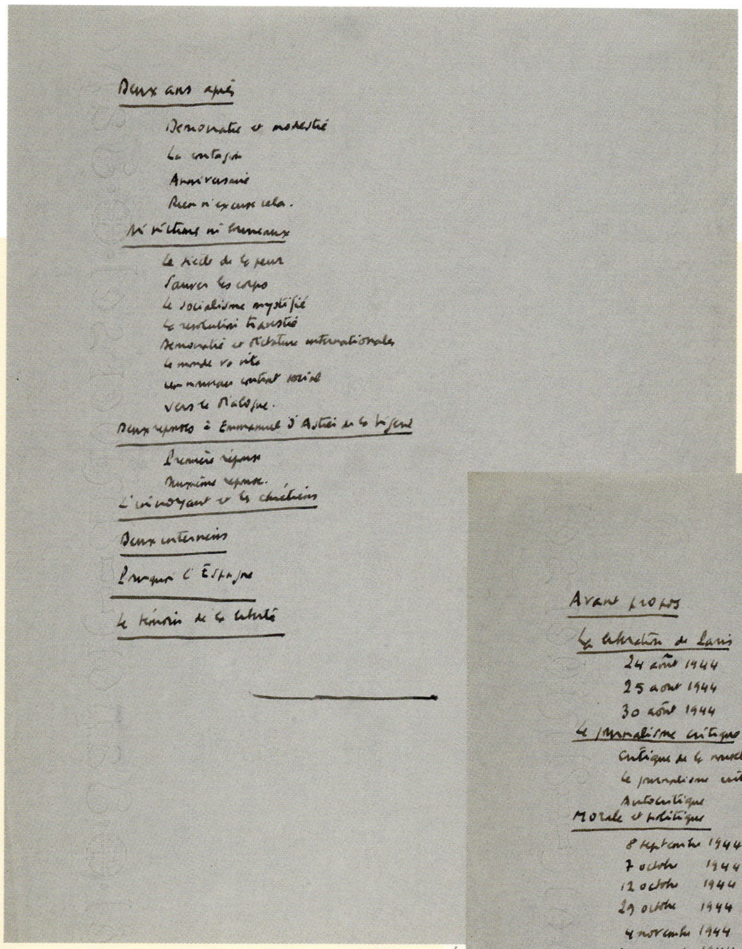

Deux ans après

Démocratie et modestie

La contagion

Anniversaire

Rien n'excuse cela.

Ni victimes ni bourreaux

Le siècle de la peur

Sauver les corps

Le socialisme mystifié

La révolution travestie

Démocratie et dictature internationales

Le monde va vite

Un nouveau contrat social

Vers le dialogue.

Deux réponses à Emmanuel d'Astier de la Vigerie

Première réponse

Deuxième réponse.

L'incroyant et les chrétiens

Deux interviews

Pourquoi l'Espagne

Le témoin de la liberté

4

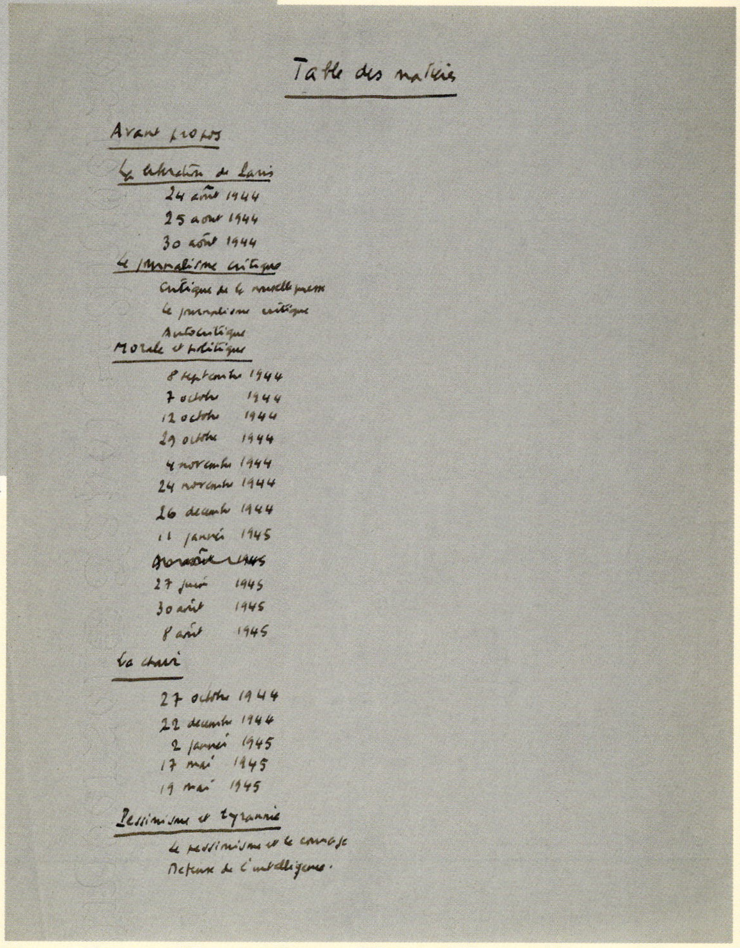

Table des matières

Avant-propos

La libération de Paris

24 août 1944

25 août 1944

30 août 1944

Le journalisme critique

Critique de la nouvelle presse

Le journalisme critique

Autocritique

Morale et politique

8 septembre 1944

7 octobre 1944

12 octobre 1944

29 octobre 1944

4 novembre 1944

24 novembre 1944

26 décembre 1944

11 janvier 1945

[illegible] 1945

27 juin 1945

30 août 1945

8 août 1945

La chair

27 octobre 1944

22 décembre 1944

2 janvier 1945

17 mai 1945

19 mai 1945

Pessimisme et tyrannie

Le pessimisme et le courage

Défense de l'intelligence.

1 -《现时集 Ⅰ · 编年史1944—1948》。这本集子是献给勒内 · 夏尔的，里面基本上是一些文章的片段和《战斗报》文章的汇集，加缪自1944至1947年曾担任该报的主编。

2 - 1947年，加缪在位于巴黎第六区塞吉尔街上的住所的书房里。

3 - 勒内 · 夏尔致谢的一封信。

4 -《现时集 Ⅰ · 编年史1944—1948》的目录手稿。

“对荒诞的世界提问，就是问：‘难道我们接受绝望而什么都不做吗？’我想没有一个正直的人会回答是的。”

《加缪笔记，1935—1948》

1 -《反抗的人》这部随笔是关于反抗的真正思考，一出版就引起了激烈的论战。

2 - 加缪，1952年。

3 -《反抗的人》的目录手稿。

我最初的两个系列里的作品：不撒谎的人，因此是不真实的。他们不在这个世界上。这就是为什么我至今不是人们所说的小说家。我更是一个艺术家，根据我的激情和焦虑创造神话。这也是为什么在这个世界上让我激动的人总是那些具有这些神话的力量和排他性的人。

《加缪笔记，1949—1959》

2

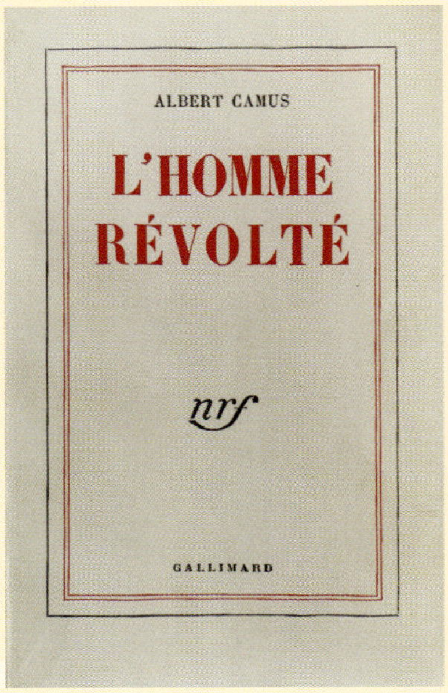


1

于是，以历史的动力的名义，革命变成了屠杀和无节制的机器，这时一种新的反抗就以生活的节制的名义而成为神圣的了。

我们正在这一极端上。在这黑夜的尽头，一道光亮是无可避免的，我们已经猜到，我们只需斗争以使它实现。

超越虚无主义，我们所有人在废墟上准备重生。但是很少有人知道。

《反抗的人》

“《反抗的人》第一稿结束。这本书是最初两个系列的结束。三十七岁。现在写作能是自由的了吗？”

《加缪笔记，1949—1959》

3

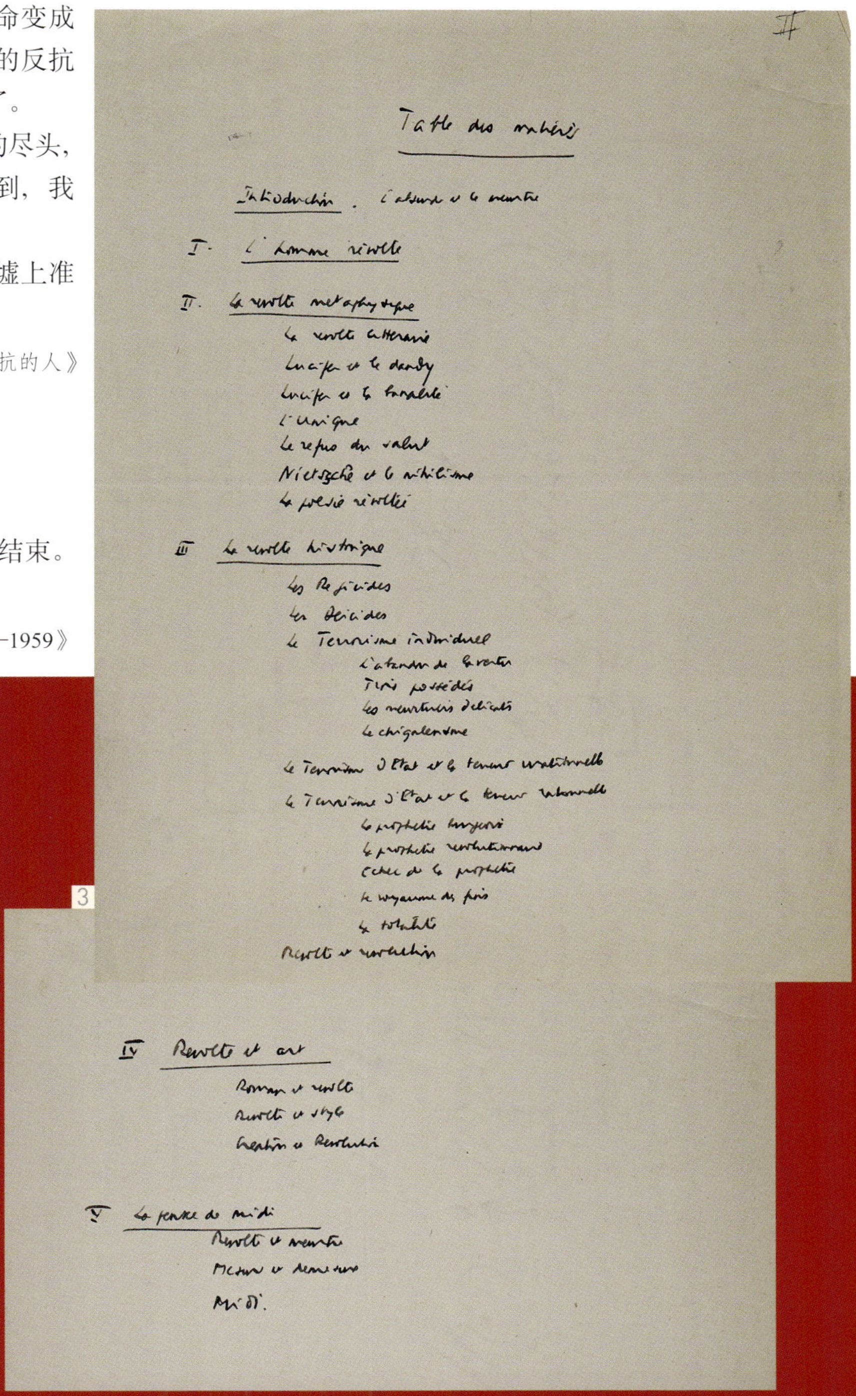
Table des matières

Introduction. L'absurde et le meurtre

I. L'homme révolté

II. La révolte métaphysique
La révolte littéraire
Lucifer et le dandy
Lucifer et la fraternité
L'Unique
Le refus du salut
Nietzsche et le nihilisme
La poésie révoltée

III La révolte historique
Les Régicides
Les Déicides
Le Terrorisme individuel
L'abandon de la vertu
Trois possédés
Les meurtriers délicats
Le chigalevisme
Le Terrorisme d'État et la terreur irrationnelle
Le Terrorisme d'État et la terreur rationnelle
La prophétie bourgeoise
La prophétie révolutionnaire
Échec de la prophétie
Le royaume des fins
La totalité
Révolte et révolution

IV Révolte et art
Roman et révolte
Révolte et style
Création et Révolution

V La pensée de midi
Révolte et meurtre
Mesure et démesure
Midi.

“我盲目地为我的《反抗的人》工作。”

阿尔贝·加缪给勒内·夏尔的信，1950年2月

“分娩是长时间的、困难的，而孩子好像还很丑。这种努力使我筋疲力尽。”

阿尔贝·加缪给勒内·夏尔的信，1951年2月

1 - 勒内·夏尔给阿尔贝·加缪的信，1951年6月16日。

2 - 加缪举起拳头，示意反抗。

3 - 加缪的肖像，1947年。

“在为历史而疯狂的、沉浸在进步的幻影里的世纪中心，加缪提出了一种使历史成为思考对象的思想：历史对于加缪来说，既不是目的，甚至也不是手段，而只不过是一段路程。他接近历史，坚信罪行否定反抗，任何时候也不会有什么可以使他偏离这种独特的确信。”

塞维丽娜·加斯帕里，《自由的馈赠： 阿尔贝·加缪与极端自由主义者的关系》，地中海相会出版社，2008年，第129页

“加缪对人在世界上的悲剧性的处境所提出的解决方式之一是同意相对性。[……] 加缪接受了不确定性。[……] 试图与自身出发点相一致的革命行动应该归结为一种对相对性的主动认可。对人类的命运来说，它将是正确的。在手段上它是不妥协的，至于目的，它将接受不确切，而为了使这种不确切越来越明确，它将给说话以自由。因此，它将维护那些使造反有理的普通人。”

塞维丽娜·加斯帕里，《自由的馈赠： 阿尔贝·加缪与极端自由主义者的关系》，地中海相会出版社，2008年，第133页

“谢谢您的友爱，亲爱的勒内。我预先就感到了，说真的，它在我生活得最累人的阶段帮助了我。”

阿尔贝·加缪给勒内·夏尔的信，1951年11月21日

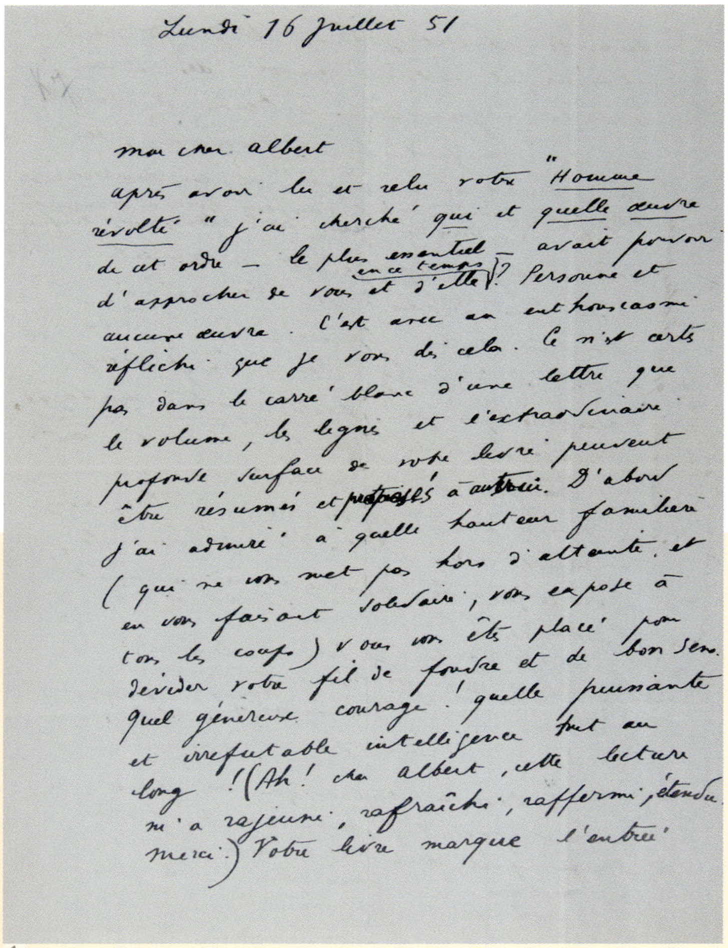

Lundi 16 juillet 51

mon cher albert

après avoir lu et relu votre "Homme révolté" j'ai cherché qui et quelle œuvre de cet ordre — le plus essentiel — avait pouvoir d'approcher de vous et d'elle [en ce temps]? Personne et aucune œuvre. C'est avec un enthousiasme réfléchi que je vous dis cela. Ce n'est certes pas dans le carré blanc d'une lettre que le volume, les lignes et l'extraordinaire profonde surface de votre livre peuvent être résumés et [illegible] à autrui. D'abord j'ai admiré à quelle hauteur familière (qui ne vous met pas hors d'atteinte, et en vous faisant solidaire, vous expose à tous les coups) vous vous êtes placé pour dévider votre fil de foudre et de bon sens. Quel généreux courage! quelle puissante et irréfutable intelligence tout au long! (Ah! cher albert, cette lecture m'a rajeuni, rafraîchi, raffermi, étendu merci.) Votre livre marque l'entrée

1

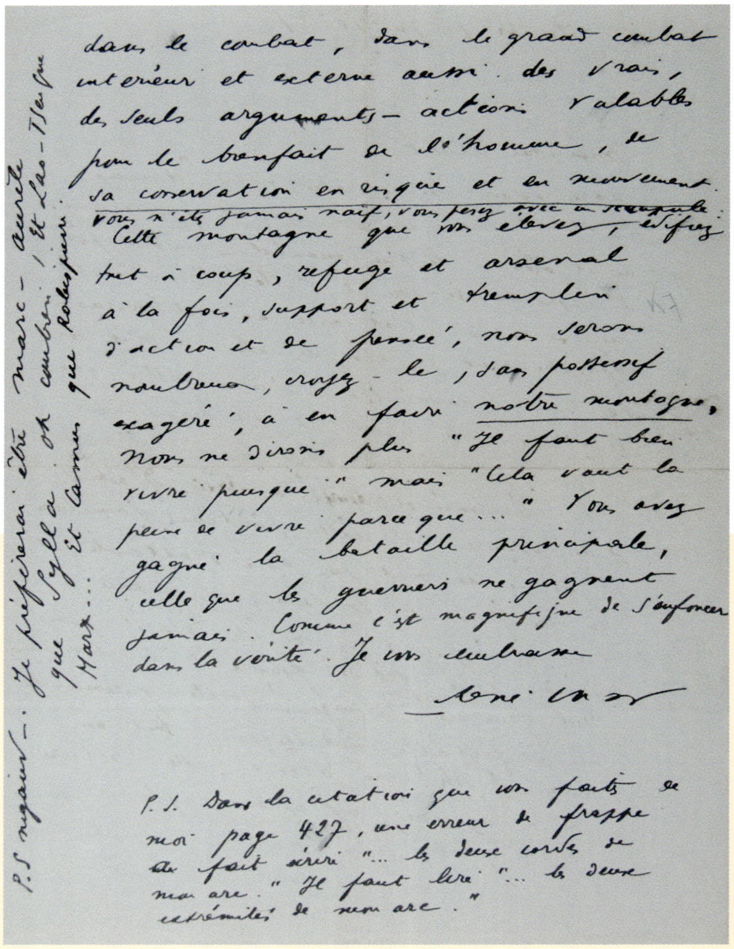

dans le combat, dans le grand combat intérieur et externe aussi des vrais, des seuls arguments-action valables pour le bienfait de l'homme, de sa conservation en risque et en mouvement. Vous n'êtes jamais naïf, vous ferez avec un scrupule. Cette montagne que vous élevez, vous faites tout à coup, refuge et arsenal à la fois, support et tremplin d'action et de pensée, nous serons nombreux, croyez-le, sans possessif exagéré, à en faire notre montagne. Nous ne dirons plus "Il faut bien vivre puisque..." mais "Cela vaut la peine de vivre parce que..." Vous avez gagné la bataille principale, celle que les guerriers ne gagnent jamais. Comme c'est magnifique de s'enfoncer dans la vérité. Je vous embrasse

René Char

P.S. Dans la citation que vous faites de moi page 427, une erreur de frappe me fait écrire "... les deux cordes de mon arc." Il faut lire: "... les deux extrémités de mon arc."

P.S. Je préférerais être marc-aurèle que Sylla ou combien! Et Lao-Tseu que Marx... et Camus que Robespierre.

“反抗由此证明它是生命的运动本身，人们不能否认它，除非不活着。”

《反抗的人》

“我十分激动地沉浸在你的书中。它击中了我，教育了我，常常使我震惊。”

路易·吉约给阿尔贝·加缪的信，1951年12月21日

“为什么我是一个艺术家而不是哲学家？这是因为我是根据文字而不是观念进行思考。”

《加缪笔记，1949—1959》

2

3

这样，作家的作用就与某些困难的责任难解难分了。从定义来说，他今天不能为创造历史的那些人服务，因为他为之服务的是那些承受历史的人；不然的话，他就要孤立，失去了他的艺术。暴政的数百万军队也不能把他从孤立中拉出来，尤其是当他同意对他们亦步亦趋的时候。然而，世界的另一端的一个无名的、饱受屈辱的囚徒的沉默却足以使作家从流亡中走出来，只要他在自由的特权中能够不忘记这种沉默，能够通过艺术的方式使之引起反响。

我们谁都没有伟大到足以完成这样的使命的程度；但是，作家在其一生的各种情势中，默默无闻或名噪一时，身处暴政的镣铐之中或暂时获得了言论的自由，却可以找到一种为他辩白的活生生的团体的感情，唯一的条件是他尽可能地接受令他的职业伟大的两种责任：为真理服务和为自由服务。既然他的使命是团结尽可能多的人，那么这种使命就不能将就谎言和奴役，而谎言和奴役在其占统治地位的任何地方都使孤独迅速地扩散。无论我们个人如何欠缺，我们的职业的高尚将永远扎根在两种难以履行的承诺之中：拒绝对众所周知的事情撒谎和抵抗压迫。

《瑞典演说》

# 孤独　团结　1952—1960

“我的一部分非常蔑视这个时代。即使在我最严重的过失中，我也不能失去对操守的爱好，而面对时代的极度衰退，我常常失去信心。但是我的另一部分却想承担这种衰退和共同的斗争……”

《加缪笔记，1949—1959》

1 - 阿尔贝·加缪遭遇到许多同时代人的不理解。安德烈·布列东、让—保罗·萨特和《现代》杂志的团体不能想象对马克思主义及其极权主义的变种的批判。阿尔贝·加缪面对、回答、论辩、自卫。他受到许多文章或作家的支持，其中就有勒内·夏尔和路易·吉约。

2, 3 - 1952年5月，《反抗的人》落入《现代》的记者弗朗西斯·让松手中。他几乎是凌辱地、无可挽回地述评，称这本书是一本“落空的杰作”。阿尔贝·加缪没有给弗朗西斯·让松，而是给杂志的主编让—保罗·萨特写了一封信。接着是一连串通过杂志的通信。他们彻底决裂了。

“您和前兄弟让—保罗·萨特的关系如何？”

“我们关系很好，先生，因为最好的关系是那种不见面的关系。还有，在法国，或许也在外国，人们过于夸大我们之间的分歧了。而这只是意识形态的分歧，它使我们能够确认立场，在我看来，双方的立场自然是同样受到尊重的，不是吗？当然，我们的立场是完全对立的。”

1957年12月9日，《瑞典演说》，附录

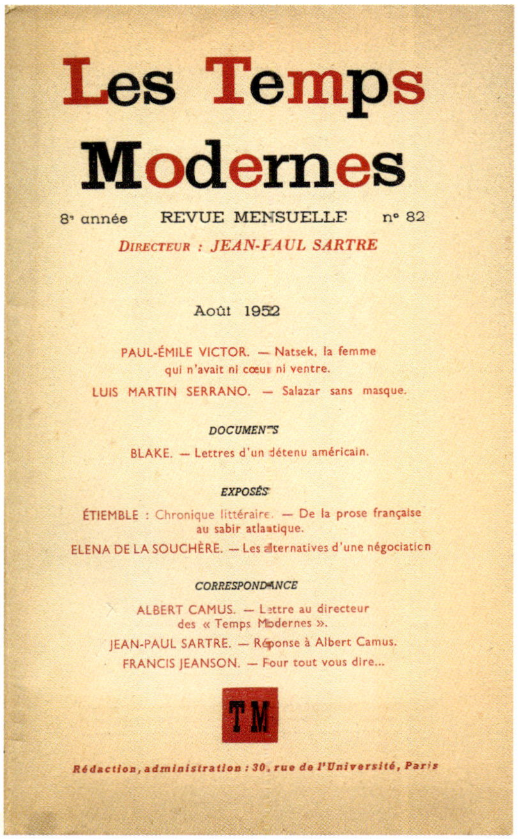

Les Temps Modernes

8e année REVUE MENSUELLE nº 82

DIRECTEUR : JEAN-PAUL SARTRE

Août 1952

PAUL-ÉMILE VICTOR. — Natsek, la femme qui n'avait ni cœur ni ventre.
LUIS MARTIN SERRANO. — Salazar sans masque.

DOCUMENTS

BLAKE. — Lettres d'un détenu américain.

EXPOSÉS

ÉTIEMBLE : Chronique littéraire. — De la prose française au sabir atlantique.
ELENA DE LA SOUCHÈRE. — Les alternatives d'une négociation

CORRESPONDANCE

ALBERT CAMUS. — Lettre au directeur des « Temps Modernes ».
JEAN-PAUL SARTRE. — Réponse à Albert Camus.
FRANCIS JEANSON. — Pour tout vous dire...

TM

Rédaction, administration : 30, rue de l'Université, Paris

2

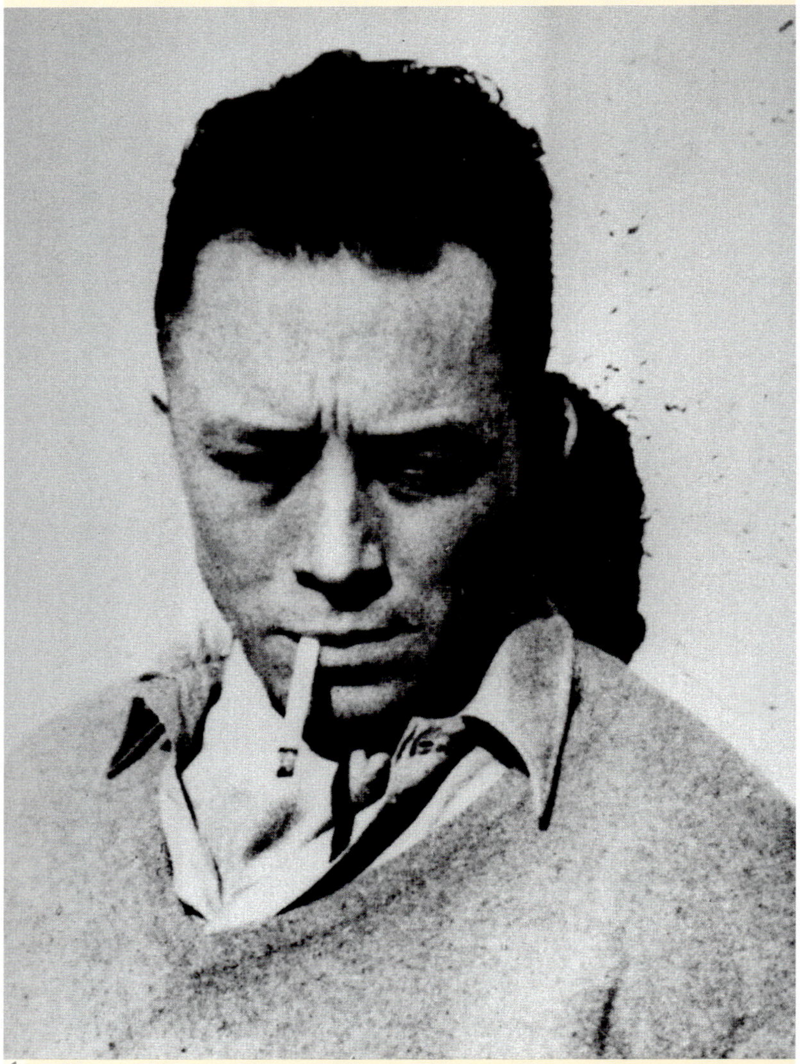

1

彼埃尔·贝尔杰：您有朝一日会写《反抗的人》续篇吗？或者您会有某些改动吗？

阿尔贝·加缪：可能会写一个续篇。但为什么要改动呢？我不是哲学家，我从未声称是。《反抗的人》不是对反抗的穷尽一切的研究，它不需要我补充或改动。在这方面，我知道有什么欠缺，在材料上或在思考上。但是我只想重新勾画出一种经验，我的经验，我知道这也是其他许多人的经验。从某些方面看，这是一种倾诉，至少是我所能做到的倾诉，我怀着不安和必需的分寸，用了四年来撰写它。对我来说，我不认为它是一本孤立的书。在某些作家那里，作品似乎形成了一个整体，彼此说明，或彼此对视。

《现时集 II · 关于反抗的信》，
与彼埃尔 · 贝尔杰的谈话

“我耐心地等着一场缓缓而来的灾难。”

1951 年 12 月，《加缪笔记》

3

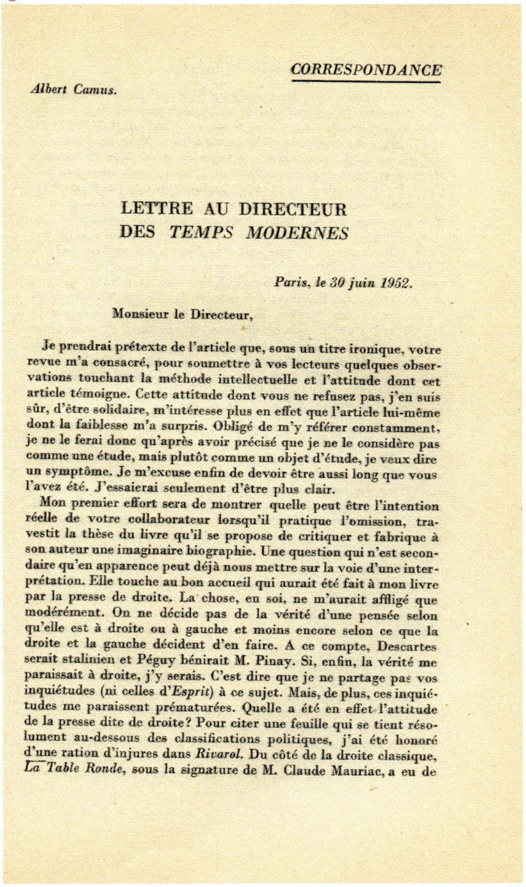

CORRESPONDANCE

*Albert Camus.*

LETTRE AU DIRECTEUR
DES *TEMPS MODERNES*

*Paris, le 30 juin 1952.*

Monsieur le Directeur,

Je prendrai prétexte de l'article que, sous un titre ironique, votre revue m'a consacré, pour soumettre à vos lecteurs quelques observations touchant la méthode intellectuelle et l'attitude dont cet article témoigne. Cette attitude dont vous ne refusez pas, j'en suis sûr, d'être solidaire, m'intéresse plus en effet que l'article lui-même dont la faiblesse m'a surpris. Obligé de m'y référer constamment, je ne le ferai donc qu'après avoir précisé que je ne le considère pas comme une étude, mais plutôt comme un objet d'étude, je veux dire un symptôme. Je m'excuse enfin de devoir être aussi long que vous l'avez été. J'essaierai seulement d'être plus clair.

Mon premier effort sera de montrer quelle peut être l'intention réelle de votre collaborateur lorsqu'il pratique l'omission, travestit la thèse du livre qu'il se propose de critiquer et fabrique à son auteur une imaginaire biographie. Une question qui n'est secondaire qu'en apparence peut déjà nous mettre sur la voie d'une interprétation. Elle touche au bon accueil qui aurait été fait à mon livre par la presse de droite. La chose, en soi, ne m'aurait affligé que modérément. On ne décide pas de la vérité d'une pensée selon qu'elle est à droite ou à gauche et moins encore selon ce que la droite et la gauche décident d'en faire. A ce compte, Descartes serait stalinien et Péguy bénirait M. Pinay. Si, enfin, la vérité me paraissait à droite, j'y serais. C'est dire que je ne partage pas vos inquiétudes (ni celles d'*Esprit*) à ce sujet. Mais, de plus, ces inquiétudes me paraissent prématurées. Quelle a été en effet l'attitude de la presse dite de droite? Pour citer une feuille qui se tient résolument au-dessous des classifications politiques, j'ai été honoré d'une ration d'injures dans *Rivarol*. Du côté de la droite classique, *La Table Ronde*, sous la signature de M. Claude Mauriac, a eu de

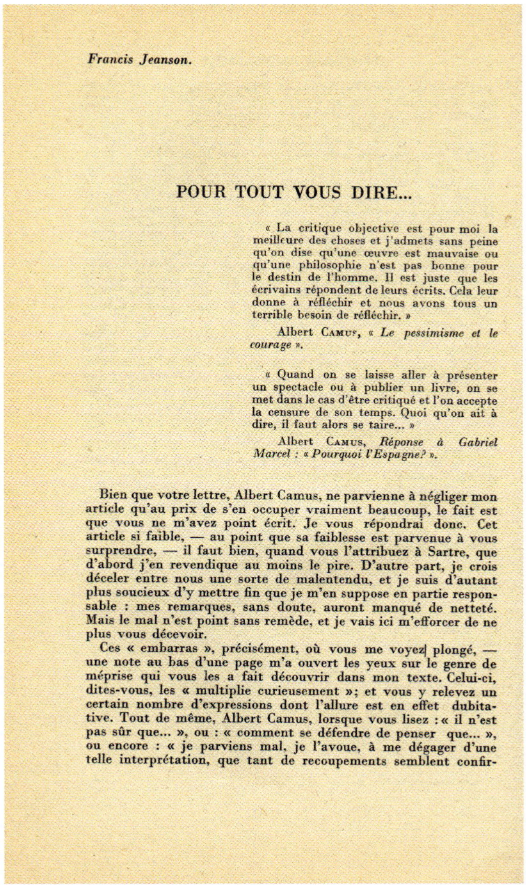

*Francis Jeanson.*

POUR TOUT VOUS DIRE...

« La critique objective est pour moi la meilleure des choses et j'admets sans peine qu'on dise qu'une œuvre est mauvaise ou qu'une philosophie n'est pas bonne pour le destin de l'homme. Il est juste que les écrivains répondent de leurs écrits. Cela leur donne à réfléchir et nous avons tous un terrible besoin de réfléchir. »

Albert CAMUS, « *Le pessimisme et le courage* ».

« Quand on se laisse aller à présenter un spectacle ou à publier un livre, on se met dans le cas d'être critiqué et l'on accepte la censure de son temps. Quoi qu'on ait à dire, il faut alors se taire... »

Albert CAMUS, *Réponse à Gabriel Marcel : « Pourquoi l'Espagne? »*.

Bien que votre lettre, Albert Camus, ne parvienne à négliger mon article qu'au prix de s'en occuper vraiment beaucoup, le fait est que vous ne m'avez point écrit. Je vous répondrai donc. Cet article si faible, — au point que sa faiblesse est parvenue à vous surprendre, — il faut bien, quand vous l'attribuez à Sartre, que d'abord j'en revendique au moins le pire. D'autre part, je crois déceler entre nous une sorte de malentendu, et je suis d'autant plus soucieux d'y mettre fin que je m'en suppose en partie responsable : mes remarques, sans doute, auront manqué de netteté. Mais le mal n'est point sans remède, et je vais ici m'efforcer de ne plus vous décevoir.

Ces « embarras », précisément, où vous me voyez plongé, — une note au bas d'une page m'a ouvert les yeux sur le genre de méprise qui vous les a fait découvrir dans mon texte. Celui-ci, dites-vous, les « multiplie curieusement »; et vous y relevez un certain nombre d'expressions dont l'allure est en effet dubitative. Tout de même, Albert Camus, lorsque vous lisez : « il n'est pas sûr que... », ou : « comment se défendre de penser que... », ou encore : « je parviens mal, je l'avoue, à me dégager d'une telle interprétation, que tant de recoupements semblent confir-

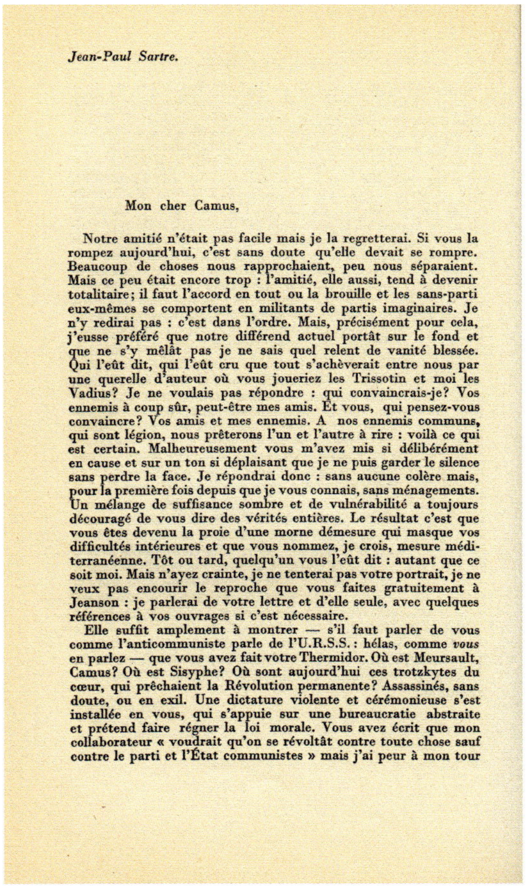

*Jean-Paul Sartre.*

Mon cher Camus,

Notre amitié n'était pas facile mais je la regretterai. Si vous la rompez aujourd'hui, c'est sans doute qu'elle devait se rompre. Beaucoup de choses nous rapprochaient, peu nous séparaient. Mais ce peu était encore trop : l'amitié, elle aussi, tend à devenir totalitaire; il faut l'accord en tout ou la brouille et les sans-parti eux-mêmes se comportent en militants de partis imaginaires. Je n'y redirai pas : c'est dans l'ordre. Mais, précisément pour cela, j'eusse préféré que notre différend actuel portât sur le fond et que ne s'y mêlât pas je ne sais quel relent de vanité blessée. Qui l'eût dit, qui l'eût cru que tout s'achèverait entre nous par une querelle d'auteur où vous joueriez les Trissotin et moi les Vadius? Je ne voulais pas répondre : qui convaincrais-je? Vos ennemis à coup sûr, peut-être mes amis. Et vous, qui pensez-vous convaincre? Vos amis et mes ennemis. A nos ennemis communs, qui sont légion, nous prêterons l'un et l'autre à rire : voilà ce qui est certain. Malheureusement vous m'avez mis si délibérément en cause et sur un ton si déplaisant que je ne puis garder le silence sans perdre la face. Je répondrai donc : sans aucune colère mais, pour la première fois depuis que je vous connais, sans ménagements. Un mélange de suffisance sombre et de vulnérabilité a toujours découragé de vous dire des vérités entières. Le résultat c'est que vous êtes devenu la proie d'une morne démesure qui masque vos difficultés intérieures et que vous nommez, je crois, mesure méditerranéenne. Tôt ou tard, quelqu'un vous l'eût dit : autant que ce soit moi. Mais n'ayez crainte, je ne tenterai pas votre portrait, je ne veux pas encourir le reproche que vous faites gratuitement à Jeanson : je parlerai de votre lettre et d'elle seule, avec quelques références à vos ouvrages si c'est nécessaire.

Elle suffit amplement à montrer — s'il faut parler de vous comme l'anticommuniste parle de l'U.R.S.S. : hélas, comme *vous* en parlez — que vous avez fait votre Thermidor. Où est Meursault, Camus? Où est Sisyphe? Où sont aujourd'hui ces trotzkytes du cœur, qui prêchaient la Révolution permanente? Assassinés, sans doute, ou en exil. Une dictature violente et cérémonieuse s'est installée en vous, qui s'appuie sur une bureaucratie abstraite et prétend faire régner la loi morale. Vous avez écrit que mon collaborateur « voudrait qu'on se révoltât contre toute chose sauf contre le parti et l'État communistes » mais j'ai peur à mon tour

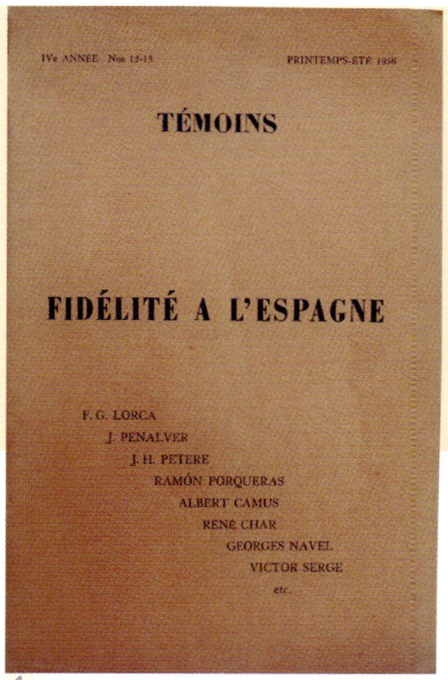


1

2

3

“在我内心深处，有西班牙的孤独。”

《加缪笔记，1949—1959》

4

西班牙解放勋章。荣誉勋位主任秘书于1949年1月2日颁发证书证明西班牙共和国总统阁下颁发给阿尔贝·加缪先生西班牙解放勋章。勋章持有者享有法律规定之特权。

1 - 杂志《见证》的第12期，题目为《忠于西班牙》，加缪撰写了序言。

2, 3 - 1952年，联合国教科文组织接受了西班牙的佛朗哥政权：加缪辞职，并于11月30日发表讲话，主题是“西班牙与文化”。他的身旁是让—保罗·萨特。他的出身使他与西班牙有密切的关系。从1936年起，集体撰写的随笔《阿斯杜里的起义》揭露了西班牙政府面对阿斯杜里三万矿工起义的态度。

4 - 1949年1月2日，颁发给加缪的西班牙解放勋章的证书。

5 - 在西班牙国内战争中，西蒙娜·韦伊参加了反对佛朗哥派的杜鲁提纵队。1946年，当加缪在伽利玛出版社编辑丛书的时候，他使公众发现了她。他在“Folio”丛书中出版了她的八部著作。

我们今天庆祝一个新的、令人欣慰的民主的胜利。但是，这是一场它带给自己的、有关其自身原则的胜利。佛朗哥的西班牙偷偷摸摸地进了洋溢着文化的殿堂，而塞万提斯和乌拉穆诺的西班牙却又一次被扔在街上。当人们知道，在马德里，现任新闻部长，联合国教科文组织的直接合作者，就是那个在希特勒统治时期负责纳粹宣传的人，当人们知道这个刚刚给基督教诗人保尔·克劳代尔授勋的政府就是那个给焚尸炉的组织者希姆莱颁发红箭勋章的政府，人们有理由说，这不是卡尔德隆或洛佩·德·维伽，在他们治下民主刚刚将教育者迎进社会，而是约瑟夫·戈贝尔。战争结束七年之后，这个了不起的否定值得我们对比耐先生的政府表示赞扬。实际上，当涉及高层政治的时候，人们可以指责其顾虑重重的人不是他。至今所有人都相信历史的命运某种程度上取决于教育者反对屠夫的斗争。但是，人们不曾想到只需公开地任命屠夫为教育者就行了。比耐先生的政府想到了。

当然，这运作起来有些困难，必须全速进行。但是，学校是一回事，而市场是另一回事！的确，在这个故事里，市场有点奴隶市场的味道。人们用法朗吉的牺牲品来交换殖民地的国民。至于文化，那是以后的事。反正这不是政府的事。艺术家从事文化事业，政府管理文化事业，有机会则消灭艺术家以便更好地管理。终会有一天，一小撮军人和工业家说到莫里哀和伏尔泰的时候能够说“我们”了，或者歪曲他们，印行已经被枪毙的诗人的作品。这一天，就是我们的今天，它或许可以激发我们对可怜的希特勒的同情。他本应模仿他的朋友佛朗哥，耐心地等待，而不是出于过分的浪漫主义去自杀。他今天可能在教科文组织代表上尼日尔的教育部，墨索里尼本人也可以为提高那些小埃塞俄比亚人的文化水准做出贡献，他可是不久之前刚屠杀了他们的父亲。于是，在一个终于和解的欧洲，在将军和元帅被民主派，但必定是现实主义者的部长们服务的盛宴上，人们将会见到文化的最终胜利。

厌恶在这里是一个很软弱的词。但我觉得今后再一次表达我们的愤怒是没有用的。既然我们的执政者是聪明的、现实的，足以摆脱名誉和文化，我们就不要在情感方面出让什么了，相反，努力成为现实主义者吧。既然在独裁者的统治崩塌于柏林的废墟之中八年后，历史形势的客观估计是这样的，那么我们还是客观吧，冷静地对待人们向我们呈现的、证明维持佛朗哥有道理的论据吧。

《现时集II·西班牙与文化》，在瓦格拉姆大厅里的讲话，

1952年11月30日

“是的，从佛朗哥进入联合国教科文组织的那一刻起，联合国教科文组织就从普世的文化中出走了，这是我们应该说的。”

《现时集II·西班牙与文化》，1952年11月30日

5

1 - 1952年，加缪回到阿尔及利亚，这个他汲取源泉、“回到自己”的地方。

2 - 卡特琳娜·散泰斯，加缪的母亲，他把《第一个人》献给了她。“献给永远也不可能读这本书的你……”

“哦，母亲，哦，温柔的，比我的时代更伟大，比令你服从的历史更崇高，比这世上我曾爱过的一切更真实，哦，母亲，原谅你的儿子逃避了你的真实的夜。”

《第一个人》，附录

1

“在我的母亲面前，我觉得自己出身于一个高贵的种族，即一个从不羡慕什么的种族。”

《加缪笔记，1949—1959》

“这个世界上他最渴望的，是母亲能够读懂他的生命和肉体，这是不可能的。他的爱，他唯一的爱将永远是沉默的。”

《第一个人》，附录

“她朝他伸出关节粗大的双手，抚摸他的脸。”

《第一个人》，附录

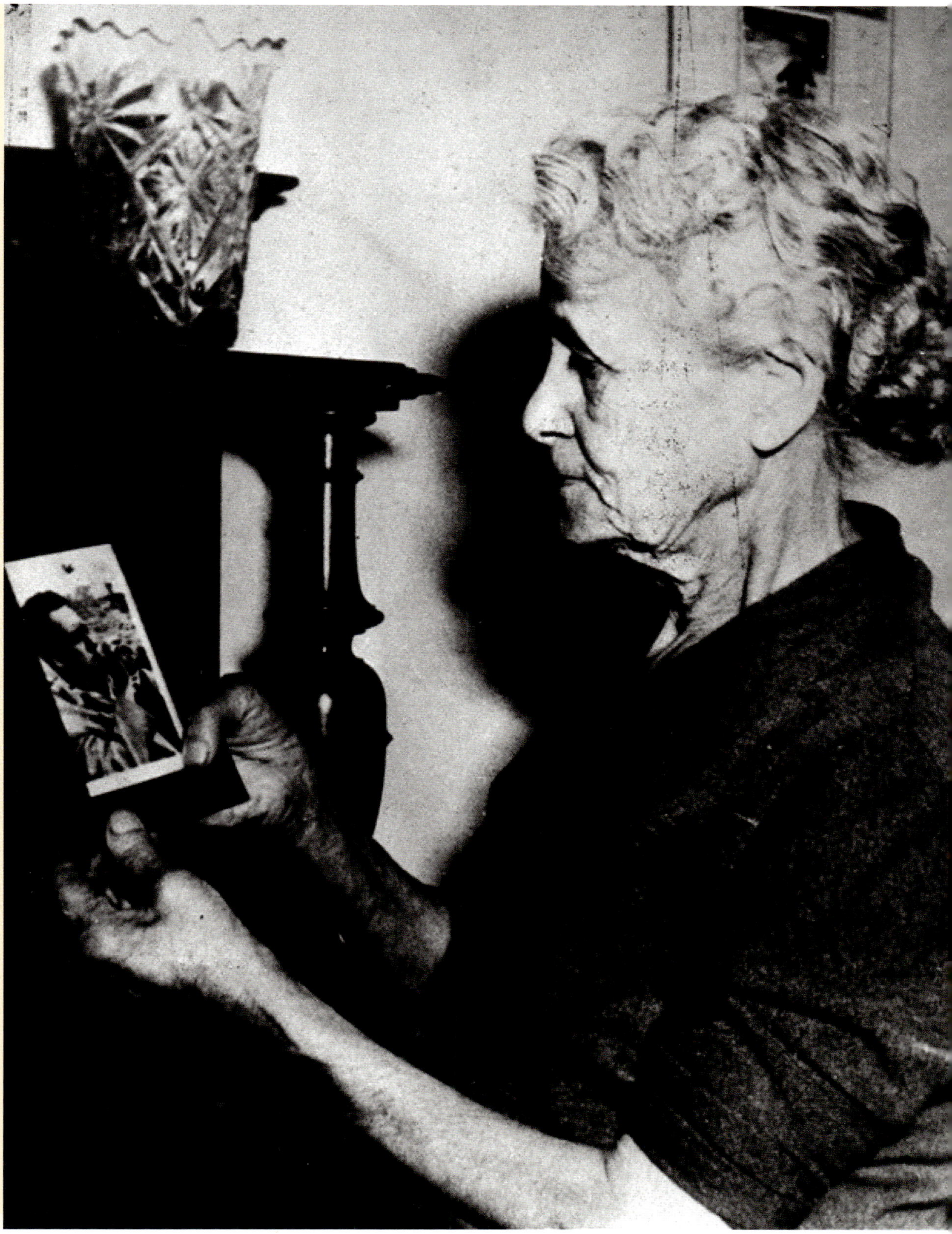

1

“十五年后，我又看见了我的废墟在距离海浪几步远的地方，我沿着这座已被遗忘的小城的街道走着，穿过长满苦涩树木的田野；在俯视着海湾的高地上，我像以往一样抚摸着发黄的圆柱。然而，废墟已被围上了铁丝网，人们只能从特许的入口进去。”

《夏天集·重返蒂巴萨》

2

3

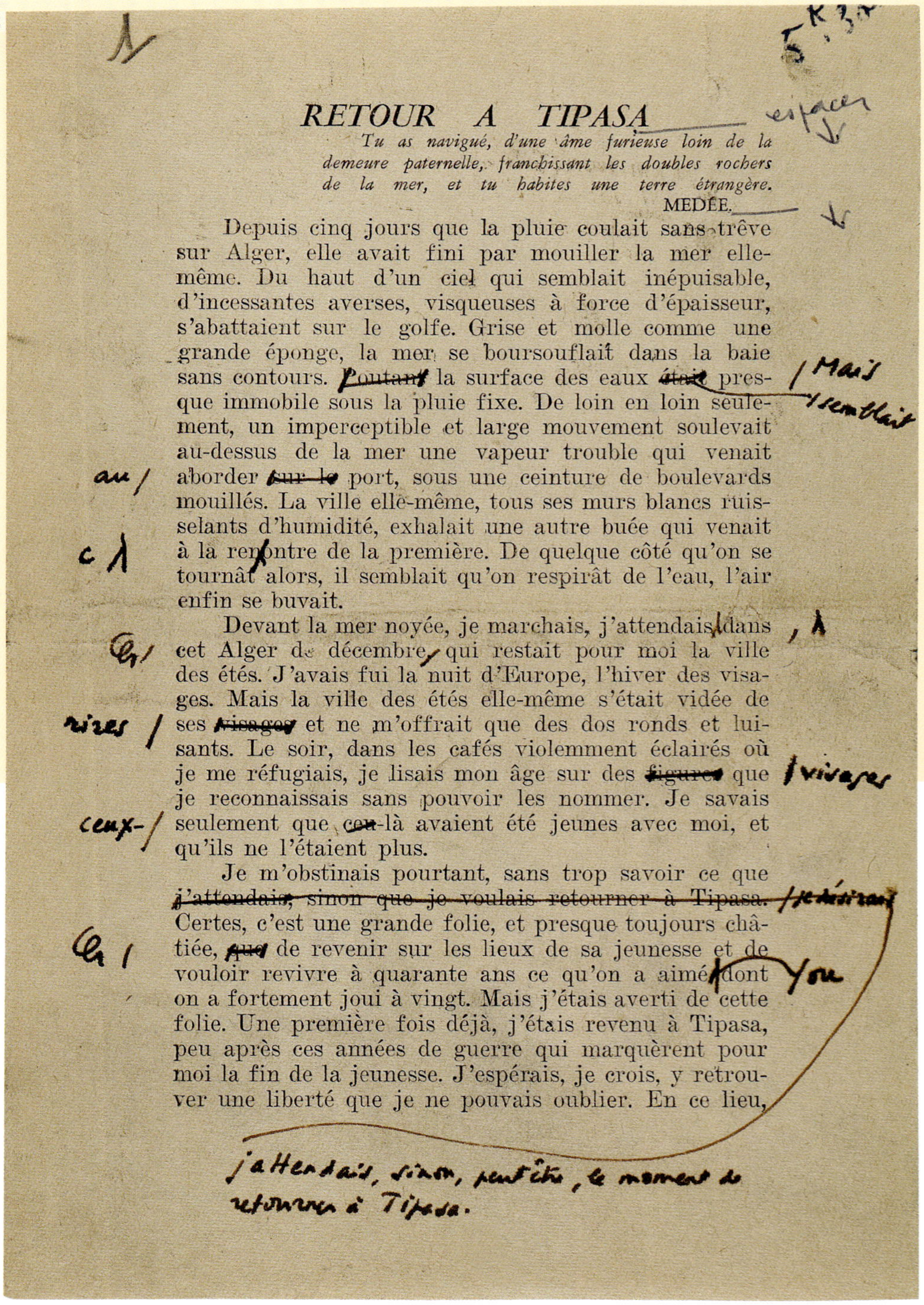

RETOUR A TIPASA

*Tu as navigué, d'une âme furieuse loin de la demeure paternelle, franchissant les doubles rochers de la mer, et tu habites une terre étrangère.*

MEDÉE.

Depuis cinq jours que la pluie coulait sans trêve sur Alger, elle avait fini par mouiller la mer elle-même. Du haut d'un ciel qui semblait inépuisable, d'incessantes averses, visqueuses à force d'épaisseur, s'abattaient sur le golfe. Grise et molle comme une grande éponge, la mer se boursouflait dans la baie sans contours. Pourtant la surface des eaux était presque immobile sous la pluie fixe. De loin en loin seulement, un imperceptible et large mouvement soulevait au-dessus de la mer une vapeur trouble qui venait aborder sur le port, sous une ceinture de boulevards mouillés. La ville elle-même, tous ses murs blancs ruisselants d'humidité, exhalait une autre buée qui venait à la rencontre de la première. De quelque côté qu'on se tournât alors, il semblait qu'on respirât de l'eau, l'air enfin se buvait.

Devant la mer noyée, je marchais, j'attendais dans cet Alger de décembre, qui restait pour moi la ville des étés. J'avais fui la nuit d'Europe, l'hiver des visages. Mais la ville des étés elle-même s'était vidée de ses visages et ne m'offrait que des dos ronds et luisants. Le soir, dans les cafés violemment éclairés où je me réfugiais, je lisais mon âge sur des figures que je reconnaissais sans pouvoir les nommer. Je savais seulement que ceux-là avaient été jeunes avec moi, et qu'ils ne l'étaient plus.

Je m'obstinais pourtant, sans trop savoir ce que j'attendais, sinon que je voulais retourner à Tipasa. Certes, c'est une grande folie, et presque toujours châtiée, que de revenir sur les lieux de sa jeunesse et de vouloir revivre à quarante ans ce qu'on a aimé ou dont on a fortement joui à vingt. Mais j'étais averti de cette folie. Une première fois déjà, j'étais revenu à Tipasa, peu après ces années de guerre qui marquèrent pour moi la fin de la jeunesse. J'espérais, je crois, y retrouver une liberté que je ne pouvais oublier. En ce lieu,

j'attendais, sinon, peut-être, le moment de retourner à Tipasa.

“在这光明、这寂静中，多少年的愤怒和黑夜慢慢地消融了。我在我身上听见了一种几乎被忘却声音，仿佛我那久已停歇的心又开始轻轻地跳动了。”

《夏天集·重返蒂巴萨》

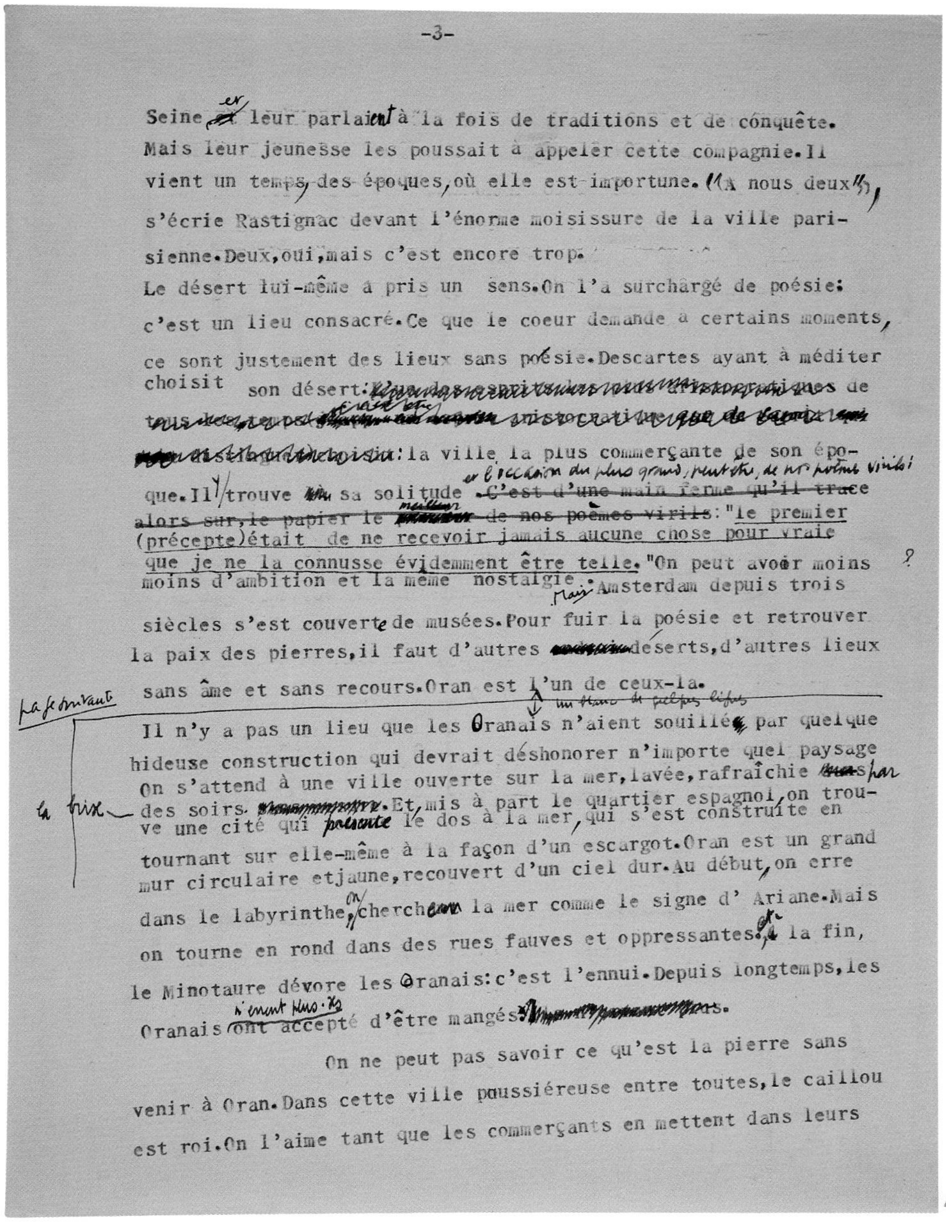

-3-

Seine et leur parlaient à la fois de traditions et de conquête. Mais leur jeunesse les poussait à appeler cette compagnie. Il vient un temps, des époques, où elle est importune. «A nous deux», s'écrie Rastignac devant l'énorme moisissure de la ville parisienne. Deux, oui, mais c'est encore trop.

Le désert lui-même a pris un sens. On l'a surchargé de poésie: c'est un lieu consacré. Ce que le coeur demande à certains moments, ce sont justement des lieux sans poésie. Descartes ayant à méditer choisit son désert: la ville la plus commerçante de son époque. Il y trouve sa solitude et l'occasion du plus grand, peut-être, de nos poèmes virils: "le premier (précepte) était de ne recevoir jamais aucune chose pour vraie que je ne la connusse évidemment être telle." On peut avoir moins d'ambition et la même nostalgie. Mais Amsterdam depuis trois siècles s'est couverte de musées. Pour fuir la poésie et retrouver la paix des pierres, il faut d'autres déserts, d'autres lieux sans âme et sans recours. Oran est l'un de ceux-là.

Il n'y a pas un lieu que les Oranais n'aient souillé par quelque hideuse construction qui devrait déshonorer n'importe quel paysage. On s'attend à une ville ouverte sur la mer, lavée, rafraîchie par des soirs. Et, mis à part le quartier espagnol, on trouve une cité qui présente le dos à la mer, qui s'est construite en tournant sur elle-même à la façon d'un escargot. Oran est un grand mur circulaire et jaune, recouvert d'un ciel dur. Au début, on erre dans le labyrinthe, on cherche la mer comme le signe d'Ariane. Mais on tourne en rond dans des rues fauves et oppressantes, et à la fin, le Minotaure dévore les Oranais: c'est l'ennui. Depuis longtemps, les Oranais n'errent plus. Ils ont accepté d'être mangés.

On ne peut pas savoir ce qu'est la pierre sans venir à Oran. Dans cette ville poussiéreuse entre toutes, le caillou est roi. On l'aime tant que les commerçants en mettent dans leurs

4

5

6

1 - 1954年，伽利玛出版社出版了《夏天集》，这本集子收集了加缪写于1939年至1953年间的八篇文章:《弥诺陶洛斯或暂停在奥兰》、《巴旦杏树》、《普罗米修斯在地狱》、《没有去过的城市之小指南》、《海伦的放逐》、《谜》、《重返蒂巴萨》和《身边的大海》。这些文章在结集成册前大都单独发表过。

2, 5 - 蒂巴萨的废墟，阿尔及尔山上的罗马城市的考古遗迹。

3 - 杂志《平台》的一页，1953年《重返蒂巴萨》首次在其上发表。收入《夏天集》之前，加缪做了修改。

4 -《弥诺陶洛斯或暂停在奥兰》经作者修改的清样。

6 - 1939至1941年，加缪数次到奥兰，写于1939年的《弥诺陶洛斯或暂停在奥兰》于1950年由夏尔洛出版社出版。

"接受和给予，不是我开始时说的幸福和无邪的生活吗？是的，这是生活本身，强烈，自由，我们大家都需要。"

《我为什么从事戏剧》

1

2

1, 3 - 昂杰尔戏剧节期间，加缪在麦克风前。

2 - 阿尔贝·加缪于1946年在夏尔洛出版社由他主编的丛书"诗与戏剧"中收入了彼埃尔·卡尔德隆写于1633年的《十字架的虔诚》，并将其改编后在昂杰尔戏剧节上演出。玛利亚·卡萨莱斯和塞尔日·雷戈里亚蒂担任主角。

4, 5 - 1953年，昂杰尔戏剧节的封面和节目表。阿尔贝·加缪改编了卡尔德隆的《十字架的虔诚》和彼埃尔·德·拉里维的《精灵》，加缪认为，《精灵》是"作为意大利喜剧和我们的现代悲剧之间的过渡的那些作家的最有才能的剧作"。

3

4

5

PROGRAMME

*Toutes [illegible] représentations ont [illegible] à 21 h. 30 précises [illegible]s l'enceinte du chât[illegible] d'Angers.*

Les DIMANCHE 14, JEUDI 18 et SAMEDI 20 JUIN 1953

**LA DÉVOTION A LA CROIX**

Pièce en trois journées de
Pedro CALDERON de la BARCA
Traduction d'Albert CAMUS
Mise en scène de Marcel HERRAND
Costumes de Philippe BONNET
avec

Maria CASARES Serge REGGIANI Jean MARCHAT

Charlotte CLASIS — Jean-Pierre VAGUER
Jean VINCI — Paul ŒTTLY
Charles NISSAR — Léone LAISNER
Bernard ANDRIEU — Michel CHOISY
Jean BOLO — Roger MARINO
Henri LALANNE — Yves BERNARD

◆

MUSIQUE ORIGINALE D'EPOQUE
Costumes exécutés par Dagmar GERARD

Le MERCRED[illegible] 17 JUIN 1953

**MITH[illegible]IDATE**

Tragédie en cinq [illegible]es de Jean RACINE
Mise en scène [illegible] Jean MARCHAT
Costumes de Ge[illegible]ges WAKHEVITCH
[illegible]ec

MARIA CASARES [illegible] JEAN MARCHAT

Jean VINCI — Paul ECOFFARD
Charles NISSAR — Léone LAISNER
Miche[illegible] CHOISY

Costumes exécuté[illegible] Marie GROMSEFF

Les MARDI 16 et VENDREDI 19 JUIN 1953

**LES ESPRITS**

Comédie de Pierre de LARIVEY
Adaptation d'Albert CAMUS
Mise en scène de Marcel HERRAND
Costumes de Philippe BONNET
avec

Maria CASARES — Paul ŒTTLY
Jacques AMYRIAN — Jean-Pierre VAGUER
Jean VINCI — Michel CHOISY
Charles NISSAR — Jean BOLO

Costumes exécutés par Dagmar GERARD
Musique de scène de VIVALDI
Costumes exécutés par Dagmar GERARD

◆

HOMMAGE à JOACHIM du BELLAY

*Citoyen d'Anjou*
Texte de présentation de Marcel ARLAND
dit par MARIA CASARES
Poèmes interprétés par
Jean MARCHAT Serge REGGIANI
Charlotte CLASIS — Jean VINCI

1

“是的，我说不好一般的戏剧，因为人们说不好自己首要的激情。我在各方面都是一个对戏剧充满激情的人。我想说，我不仅是作家，也是导演，还是演员。”

《瑞典演说》，1957年12月9日，附录

“我曾长时间地害怕戏剧妨碍我写作。现在我不怕了。”

《巴黎—戏剧》的采访

2

3

我自己选择昂杰尔戏剧节的节目。我喜欢《奥尔梅多骑士》，再有我希望让人认识因为翻译得很少或不好，在法国还少有人知的伟大的西班牙戏剧。至于我个人起的作用，我在改编《安魂曲》的时候决定完全地回到导演上面来。人家让我做，我就继续。但是我希望有一家自己的剧院。对于剧院的作用，演员的作用，我有明确的想法。我喜欢使我的观念活起来。

《巴黎—剧院》的采访

1，2 -《十字架的虔诚》排练时的加缪。

3 - 1953年6月14日至20日，第二届戏剧节的海报。

1

1 - 1953年6月17日，东柏林工人暴动，反对共产党政府：苏联坦克在财政部前面。示威者向坦克投掷石块。

2 - 加缪反对东柏林的镇压行动。

为了确立这些理由，首先应该指出东柏林事件在某些领域引起了一种丑恶的快乐，这不是我们的快乐。经过了两年的折磨，罗森伯格夫妇被判处死刑，这时，向东柏林等人开枪的消息非但不能使人们忘记罗森伯格夫妇遭受的酷刑，人们一致称为资产阶级的报界试图这么做，反而为我们增加了这个世界的顽固的痛苦，在这个世界上，希望一个接一个地系统地被谋杀了。

《自由的日历》，1953年6月17日

2

“当一名劳动者，在这个世界上的某处，面对坦克举起赤裸的拳头，高喊他不是奴隶时，如果我们无动于衷，那我们是什么？［……］无论如何，我们加入了示威，今晚是愤怒，以及憎恶，令我们发声。”

在互助会的演讲，1953年6月17日

“此后还公开说没有得到足够情报的那些人，我说他们是在真理昭昭的时刻于孤独之中喃喃自语。”

《自由的日历》

1

1 - 1952年，伽利玛出版社出版了詹姆逊·瑟伯的画集《最后一朵花》，加缪翻译。这里是一些片段。

2 - 1952年的加缪。

“历史的巨大危机的翌日，人们和狂欢夜的早晨一样不高兴、不舒服。但是，历史的头痛舌燥，没有阿司匹林可医。”

《加缪笔记，1949—1959》

我又离开了蒂巴萨，又看见了欧洲和它的斗争，对这一天的回忆仍然支持着我，帮助我以同一种心情接受令人振奋的东西和令人沮丧的东西。在我们所处的这一困难时刻，除了不排斥任何东西，学会用白线和黑线拧成一根绷得要断的绳子，我还能希望什么？在迄今我所有做过的事和说过的话中，我觉得我清楚地认出了这两种力量，就是在它们相互对立的时候也是如此。我不能否定我生于其中的光明，但是我也不愿拒绝这个时代的奴役。在这里有其他一些更响亮、更残暴的名字来与蒂巴萨这甜蜜的名字相对抗，简直是太容易了；今天的人们有一条内心之路，这条路我很熟悉，因为我在两个方向上都走完过，它从精神的山丘通向罪恶的都会。无疑，人们可以永远休息，酣睡在山丘上，或者寄居在罪恶之中；然而，倘若人放弃存在的一部分，他就必须放弃存在，也就是放弃生活或直接的爱。于是就有了一种不拒绝生活的任何东西的生之意志，而生活是我在这个世界上最敬重的美德。我的确希望我已发扬过这一美德，哪怕是相隔很久。既然很少有时间像我们的时代这样要求人们以同样的态度正视甘与苦，我就愿意不回避任何东西，准确地保留着双重的回忆。是的，有美，也有屈辱。无论做起来多么难，我愿永不背叛任何一方。

《夏天集·重返蒂巴萨》

## 瓦尔特·迪斯尼的《活的沙漠》介绍

我们被水包围。几亿人拥挤在大海中间的狭窄的土地上，大海占了地球的三分之二。我们的大陆是狂风暴雨包围的岛屿，风饱含着水，送来的雨侵蚀着我们暂时统治的地方。我们就这样生长着，在日益缩小、贫困的土地上繁殖。明天，太小的世界上将会有太多的人，自由将只在大海上或在沙漠里才有可能。但是，目前包围着我们的东西使我们更加强大，敌人使我们始终站立。到处都有水落下，树木长大，沉重的麦子覆盖大地，人们聚集，繁荣。相反，如果缺少水，人将会逃亡或死去，龟裂的土地上吹着孤独的风。就这样出现了沙漠，无人居住的土地，不过，在某些情况下，人可以在那里找到一个栖身处，荒凉的岛屿，严峻的自由之王国，在我们人口过多的岛屿之中心。

在世界的几个地方，伸展着这些寂静和干燥的地方，只有很少的旅人远远地走过，从不定居。没有人可以在那里生活，但是却可能有某些人学会活下去。世界上的大沙漠，撒哈拉大沙漠，卡塔哈里大沙漠，戈壁，阿拉伯半岛、波斯和澳大利亚大沙漠，还有美洲大沙漠，向那些知道精神在平安中萎靡，而在剥夺中活跃的人们奉献出它们的死亡峡谷和危险的孤独。在这些陌生的土地上，生命突然从危险和匮乏中获得了高贵。如赫拉克利特所说，如果干枯的灵魂是最好的，那么，在沙漠上耗尽的灵魂便是世界的上帝。

《活的沙漠》

1

“谁会同意支持判决和仇恨？尤其是走在每个人自身都存在的沙漠里，而不带着最高的执拗，这种执拗拒绝放弃，死亡本身变成一种胜利。沙漠因此成了我唯一的美德的王国，这种美德是因其自身而存在、没有它其他的美德就不存在的那种美德，即生之意志。

《活的沙漠》

1, 2, 3 - 1954年，迪士尼出版了一本摄影合集，照片取自同名电影《活的沙漠》。参与的有阿尔贝·加缪、于连·赫胥黎、马塞尔·埃梅、路易·布龙菲尔德、弗朗索瓦·莫里亚克、安德烈·莫洛亚和亨利·德·蒙代朗。加缪撰写了两篇文章：《沙漠的介绍》和《雨与开花季节》。

在这片贫瘠的土地上，实际上什么对人有用的东西也不长，在满是石头的耕地上，麦穗不会成熟。生物一生下来就是成年，从第一口气到最后一口气，很快就投入战斗，远离一切青春和一切衰老，永不放下武器。这里什么都不可能，什么都一次给足。但是，在什么都不可能的地方，美仍然存在，带着它短暂的奇迹和永恒的光彩。沙漠是一片美的土地，无用但不可替代。它所有的唯一的收获乃是花，从发芽、开花到消失只有一两天工夫。但是风铃草和虞美人，它们一丛丛冒出来，五颜六色，在死亡之前灿烂一时。有些花十年才开。然后，它们在一天之内开放和死亡。

《活的沙漠》

s'épanouissent et meurent en un jour. Comment certains hommes n'adoreraient-ils pas dans ces fleurs une énigme fraternelle? Non, il n'est pas de créature si ingrate qu'une rosée fugace un jour ne la fasse fleurir et ne l'emplisse d'un lait de douceur. Le cactus du désert se couvre d'épines, s'engonce dans sa carapace pustuleuse, et le voilà semblable à une affreuse plante animale, arbre sans ombre, pieuvre prisonnière, enchaînée par malédiction dans l'enfer du soleil et de la poussière. Vienne la pluie pourtant, et sous son brusque baptême, la peau maintenant verte et vernissée du cactus se soulève, crève, et laisse s'échapper une à une les plus belles fleurs du désert. Au premier soleil, elles dardent timidement le fourreau encore froissé de leurs pétales couverts de rosée. Le soleil les sèche rapidement et à mesure que la journée avance, la corolle s'ouvre un peu, se défroisse, se déploie encore. Sur ces plantes mortes éclate enfin une fête somptueuse de couleurs et de chairs tendres: des corolles fragiles veinées d'un sang léger dorment dans un lit d'épines. Et comme certains visages hirsutes et ravinés offrent la surprise d'un regard clair et tendre, ici des végétaux maudits

60

3

2

“但是在沙漠中生活，人们学会了以同一种心情接受匮乏和丰饶。[……] 谁在这种自然或社会呈现给人的孤独之中生活或创造，而不怀有神圣的顽强？”

《活的沙漠》

“我总是觉得身处大海之上：在巨大幸福的中心受到威胁。”

《加缪笔记，1949—1959》

2

3

4

5

1 - 1957年夏，在米歇尔和雅尼娜·伽利玛位于厄尔—卢瓦尔省的索莱尔—穆塞尔的家中。

2 - 弗朗西娜和阿尔贝·加缪在帕那里埃。

3, 5 - 卡特琳娜、让和阿尔贝·加缪在索莱尔—穆塞尔度假。

1

2

“黑格尔竟敢写：‘只有现代城市能够提供给精神一块自己意识到自己的土地。’我们生活在一个大城市的时代里，世界被坚决地切除了使它永久存在的东西：自然、大海、山丘、傍晚的沉思。”

《夏天集·海伦的放逐》

3

4

5

1, 2 - 1947年，阿尔贝·加缪在布莱夫，米歇尔·伽利玛的母亲的产业中。

3, 4 - 让和卡特琳娜·加缪在索莱尔—穆塞尔。

5 - 卡特琳娜·加缪在卢尔马兰。

结尾。

归还土地，土地不属于任何人。归还土地，土地不能买卖。（是的，基督从未在阿尔及利亚登陆，既然在那儿僧侣都有田产和租借地。）

他喊着，看了看母亲，然后看了看别人：

“归还土地。把所有的土地给穷人，给一无所有的人，给穷得从来都没有渴望过拥有的人，给这里像她一样的人。庞大的穷人队伍，大部分是阿拉伯人，也有一些法国人，他们靠自己的执着和忍耐在生活或挣扎，带着世界上唯一有价值的自尊，那就是穷人的自尊，把土地给他们，就像把神圣的东西给神圣的人，而我，又变得一贫如洗，最终被流放到天涯海角，我微笑着，幸福地死去，因为我知道，我热爱的大地与我尊敬的他们和她最终相会在我出生的太阳下。”

（于是寂寂无名也变得富有内涵，将我吞没——我会再回到这个地方。）

《第一个人》，附录

“报界是不真实的，因为它是革命的。它是革命的，因为它是真实的。”

《加缪笔记，1949—1959》

“加缪论及的主题，如同他的论述很有分寸的方式，绝不是在为这种仇恨的呼喊辩解。”

《洛桑报》，1956年1月28日至29日

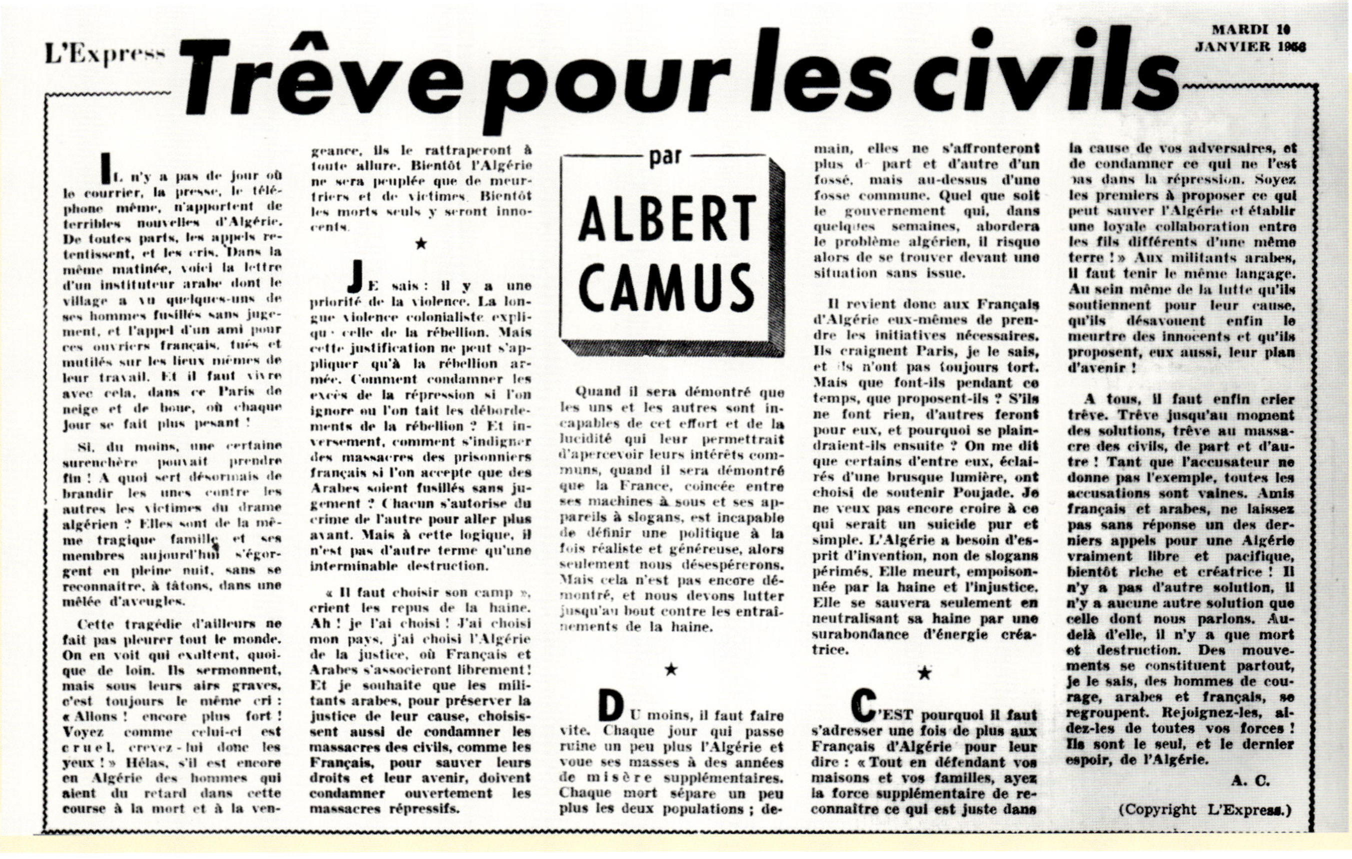

L'Express

MARDI 10 JANVIER 1956

# Trêve pour les civils

par ALBERT CAMUS

Il n'y a pas de jour où le courrier, la presse, le téléphone même, n'apportent de terribles nouvelles d'Algérie. De toutes parts, les appels retentissent, et les cris. Dans la même matinée, voici la lettre d'un instituteur arabe dont le village a vu quelques-uns de ses hommes fusillés sans jugement, et l'appel d'un ami pour ces ouvriers français, tués et mutilés sur les lieux mêmes de leur travail. Et il faut vivre avec cela, dans ce Paris de neige et de boue, où chaque jour se fait plus pesant !

Si, du moins, une certaine surenchère pouvait prendre fin ! A quoi sert désormais de brandir les unes contre les autres les victimes du drame algérien ? Elles sont de la même tragique famille et ses membres aujourd'hui s'égorgent en pleine nuit, sans se reconnaitre, à tâtons, dans une mêlée d'aveugles.

Cette tragédie d'ailleurs ne fait pas pleurer tout le monde. On en voit qui exaltent, quoique de loin. Ils sermonnent, mais sous leurs airs graves, c'est toujours le même cri : « Allons ! encore plus fort ! Voyez comme celui-ci est cruel, crevez-lui donc les yeux ! » Hélas, s'il est encore en Algérie des hommes qui aient du retard dans cette course à la mort et à la vengeance, ils le rattraperont à toute allure. Bientôt l'Algérie ne sera peuplée que de meurtriers et de victimes. Bientôt les morts seuls y seront innocents.

★

Je sais : il y a une priorité de la violence. La longue violence colonialiste explique celle de la rébellion. Mais cette justification ne peut s'appliquer qu'à la rébellion armée. Comment condamner les excès de la répression si l'on ignore ou l'on tait les débordements de la rébellion ? Et inversement, comment s'indigner des massacres des prisonniers français si l'on accepte que des Arabes soient fusillés sans jugement ? Chacun s'autorise du crime de l'autre pour aller plus avant. Mais à cette logique, il n'est pas d'autre terme qu'une interminable destruction.

« Il faut choisir son camp », crient les repus de la haine. Ah ! je l'ai choisi ! J'ai choisi mon pays, j'ai choisi l'Algérie de la justice, où Français et Arabes s'associeront librement ! Et je souhaite que les militants arabes, pour préserver la justice de leur cause, choisissent aussi de condamner les massacres des civils, comme les Français, pour sauver leurs droits et leur avenir, doivent condamner ouvertement les massacres répressifs.

Quand il sera démontré que les uns et les autres sont incapables de cet effort et de la lucidité qui leur permettrait d'apercevoir leurs intérêts communs, quand il sera démontré que la France, coincée entre ses machines à sous et ses appareils à slogans, est incapable de définir une politique à la fois réaliste et généreuse, alors seulement nous désespérerons. Mais cela n'est pas encore démontré, et nous devons lutter jusqu'au bout contre les entraînements de la haine.

★

Du moins, il faut faire vite. Chaque jour qui passe ruine un peu plus l'Algérie et voue ses masses à des années de misère supplémentaires. Chaque mort sépare un peu plus les deux populations ; demain, elles ne s'affronteront plus de part et d'autre d'un fossé, mais au-dessus d'une fosse commune. Quel que soit le gouvernement qui, dans quelques semaines, abordera le problème algérien, il risque alors de se trouver devant une situation sans issue.

Il revient donc aux Français d'Algérie eux-mêmes de prendre les initiatives nécessaires. Ils craignent Paris, je le sais, et ils n'ont pas toujours tort. Mais que font-ils pendant ce temps, que proposent-ils ? S'ils ne font rien, d'autres feront pour eux, et pourquoi se plaindraient-ils ensuite ? On me dit que certains d'entre eux, éclairés d'une brusque lumière, ont choisi de soutenir Poujade. Je ne veux pas encore croire à ce qui serait un suicide pur et simple. L'Algérie a besoin d'esprit d'invention, non de slogans périmés. Elle meurt, empoisonnée par la haine et l'injustice. Elle se sauvera seulement en neutralisant sa haine par une surabondance d'énergie créatrice.

★

C'est pourquoi il faut s'adresser une fois de plus aux Français d'Algérie pour leur dire : « Tout en défendant vos maisons et vos familles, ayez la force supplémentaire de reconnaître ce qui est juste dans la cause de vos adversaires, et de condamner ce qui ne l'est pas dans la répression. Soyez les premiers à proposer ce qui peut sauver l'Algérie et établir une loyale collaboration entre les fils différents d'une même terre ! » Aux militants arabes, il faut tenir le même langage. Au sein même de la lutte qu'ils soutiennent pour leur cause, qu'ils désavouent enfin le meurtre des innocents et qu'ils proposent, eux aussi, leur plan d'avenir !

A tous, il faut enfin crier trêve. Trêve jusqu'au moment des solutions, trêve au massacre des civils, de part et d'autre ! Tant que l'accusateur ne donne pas l'exemple, toutes les accusations sont vaines. Amis français et arabes, ne laissez pas sans réponse un des derniers appels pour une Algérie vraiment libre et pacifique, bientôt riche et créatrice ! Il n'y a pas d'autre solution, il n'y a aucune autre solution que celle dont nous parlons. Au-delà d'elle, il n'y a que mort et destruction. Des mouvements se constituent partout, je le sais, des hommes de courage, arabes et français, se regroupent. Rejoignez-les, aidez-les de toutes vos forces ! Ils sont le seul, et le dernier espoir, de l'Algérie.

A. C.

(Copyright L'Express.)

2

Albert Camus en Alger pour une trêve civile

Dialogue pour la Paix en Algérie

COMMUNAUTÉ algérienne

DOCUMENTATION - CONFRONTATION - SYNTHÈSE

JUSTICE SOCIALE - DÉMOCRATIE POLITIQUE

A son appel, 800 Algériens de toutes les origines, rassemblés malgré d'odieuses provocations, déclarent :

Pendant qu'il convait à la paix...

L'exposé d'Albert Camus

Un bel exemple de résolution et de calme

L'intervention du Pasteur Capieu

4

3

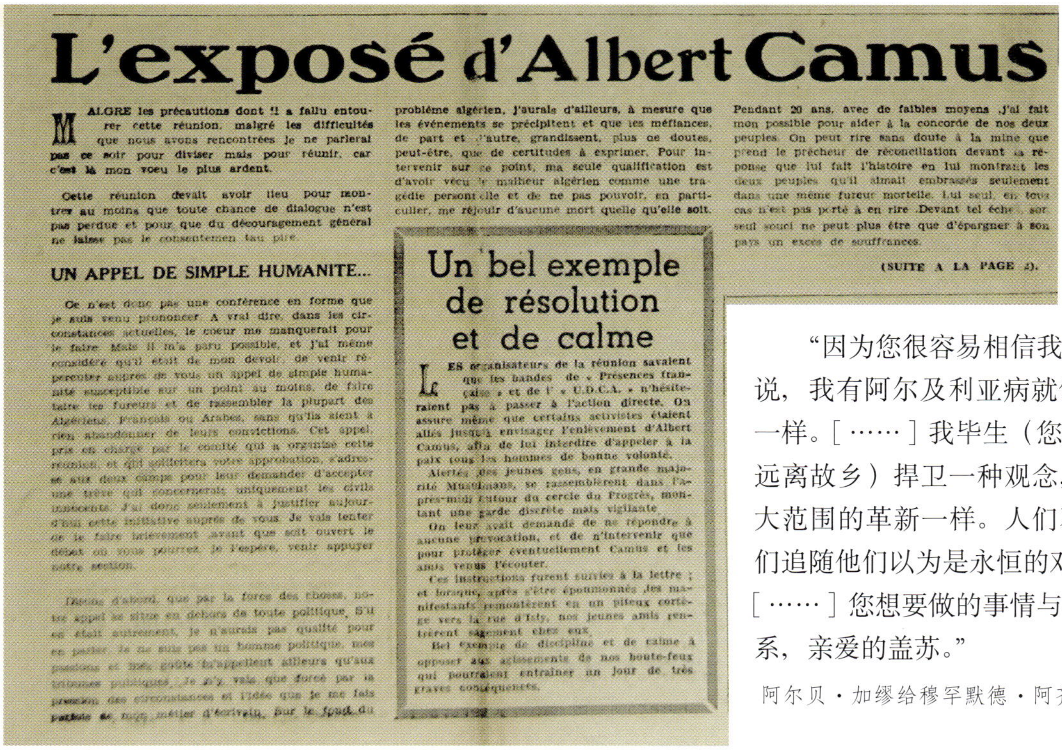
# L'exposé d'Albert Camus

MALGRE les précautions dont il a fallu entourer cette réunion, malgré les difficultés que nous avons rencontrées je ne parlerai pas ce soir pour diviser mais pour réunir, car c'est là mon voeu le plus ardent.

Cette réunion devait avoir lieu pour montrer au moins que toute chance de dialogue n'est pas perdue et pour que du découragement général ne laisse pas le consentemen tau pire.

UN APPEL DE SIMPLE HUMANITE...

Ce n'est donc pas une conférence en forme que je suis venu prononcer. A vrai dire, dans les circonstances actuelles, le coeur me manquerait pour le faire. Mais il m'a paru possible, et j'ai même considéré qu'il était de mon devoir, de venir répercuter auprès de vous un appel de simple humanité susceptible sur un point au moins, de faire taire les fureurs et de rassembler la plupart des Algériens, Français ou Arabes, sans qu'ils aient à rien abandonner de leurs convictions. Cet appel, pris en charge par le comité qui a organisé cette réunion, et qui sollicitera votre approbation, s'adresse aux deux camps pour leur demander d'accepter une trêve qui concernerait uniquement les civils innocents. J'ai donc seulement à justifier aujourd'hui cette initiative auprès de vous. Je vais tenter de le faire brièvement ,avant que soit ouvert le débat où vous pourrez, je l'espère, venir appuyer notre section.

Disons d'abord, que par la force des choses, notre appel se situe en dehors de toute politique. S'il en était autrement, je n'aurais pas qualité pour en parler. Je ne suis pas un homme politique, mes passions et mes goûts m'appellent ailleurs qu'aux tribunes publiques. Je n'y vais que forcé par la pression des circonstances et l'idée que je me fais parfois de mon métier d'écrivain. Sur le fond du problème algérien, j'aurais d'ailleurs, à mesure que les événements se précipitent et que les méfiances, de part et d'autre, grandissent, plus de doutes, peut-être, que de certitudes à exprimer. Pour intervenir sur ce point, ma seule qualification est d'avoir vécu le malheur algérien comme une tragédie personnelle et de ne pas pouvoir, en particulier, me réjouir d'aucune mort quelle qu'elle soit. Pendant 20 ans, avec de faibles moyens ,j'ai fait mon possible pour aider à la concorde de nos deux peuples. On peut rire sans doute à la mine que prend le prêcheur de réconciliation devant la réponse que lui fait l'histoire en lui montrant les deux peuples qu'il aimait embrassés seulement dans une même fureur mortelle. Lui seul, en tous cas n'est pas porté à en rire .Devant tel échec, son seul souci ne peut plus être que d'épargner à son pays un excès de souffrances.

(SUITE A LA PAGE 2).

## Un bel exemple de résolution et de calme

LES organisateurs de la réunion savaient que les bandes de « Présences française » et de l' « U.D.C.A. » n'hésiteraient pas à passer à l'action directe. On assure même que certains activistes étaient allés jusqu'à envisager l'enlèvement d'Albert Camus, afin de lui interdire d'appeler à la paix tous les hommes de bonne volonté.

Alertés ,des jeunes gens, en grande majorité Musulmans, se rassemblèrent dans l'après-midi autour du cercle du Progrès, montant une garde discrète mais vigilante.

On leur avait demandé de ne répondre à aucune provocation, et de n'intervenir que pour protéger éventuellement Camus et les amis venus l'écouter.

Ces instructions furent suivies à la lettre ; et lorsque, après s'être époumonnés ,les manifestants remontèrent en un piteux cortège vers la rue d'Isly, nos jeunes amis rentrèrent sagement chez eux.

Bel exemple de discipline et de calme à opposer aux agissements de nos boute-feux qui pourraient entrainer un jour de très graves conséquences.

“因为您很容易相信我，如果我跟您说，我有阿尔及利亚病就像别人有肺病一样。[……]我毕生（您知道，这使我远离故乡）捍卫一种观念，就像您捍卫大范围的革新一样。人们不相信它，人们追随他们以为是永恒的对强权的梦想。[……]您想要做的事情与我有密切的关系，亲爱的盖苏。”

阿尔贝·加缪给穆罕默德·阿齐斯·盖苏的信，1955年9月20日

1 - 1956年1月22日，加缪在阿尔及利亚接受采访，主张对平民休战。对此他在《快报》上发表文章。

2, 3 - 同时，他支持和同意穆罕默德·阿齐斯·盖苏的倡议，即创立报纸《阿尔及利亚共同体》。

4 - 1950年代，在巴黎的跳蚤市场。

1

“当加缪来到版台前的时候，人们立刻看到一缕阳光。”

《致加缪，他的印书的朋友们》，1962年

“问题不在于知识分子不愿从事新闻业。问题是他们蜂拥而至，乱写一气，为了钱，或者，更加不可原谅地，为了名。”

《我所知道的最美好的职业之一……》

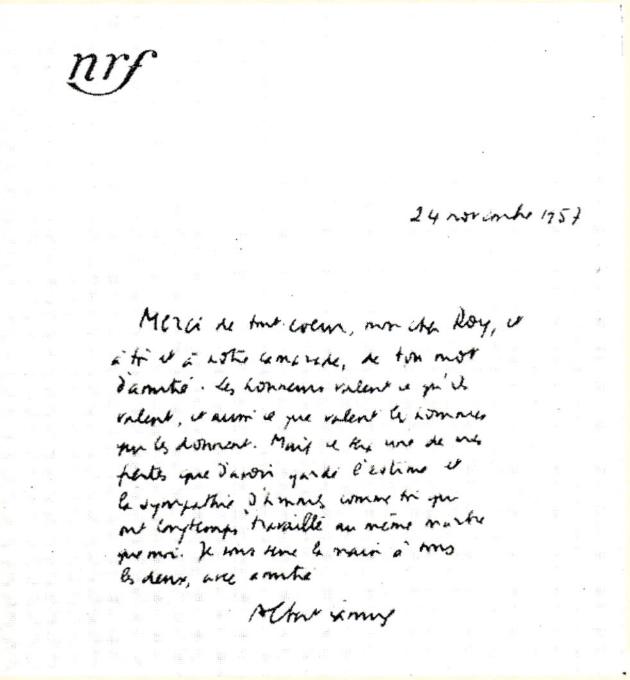

nrf

24 novembre 1957

Merci de tout cœur, mon cher Roy, à toi et à votre camarade, de ton mot d'amitié. Les honneurs valent ce qu'ils valent, et aussi ce que valent les hommes qui les donnent. Mais ce sera une de mes fiertés que d'avoir gardé l'estime et la sympathie d'hommes comme toi qui ont longtemps travaillé au même marbre que moi. Je vous serre la main à vous les deux, avec amitié

Albert Camus

2

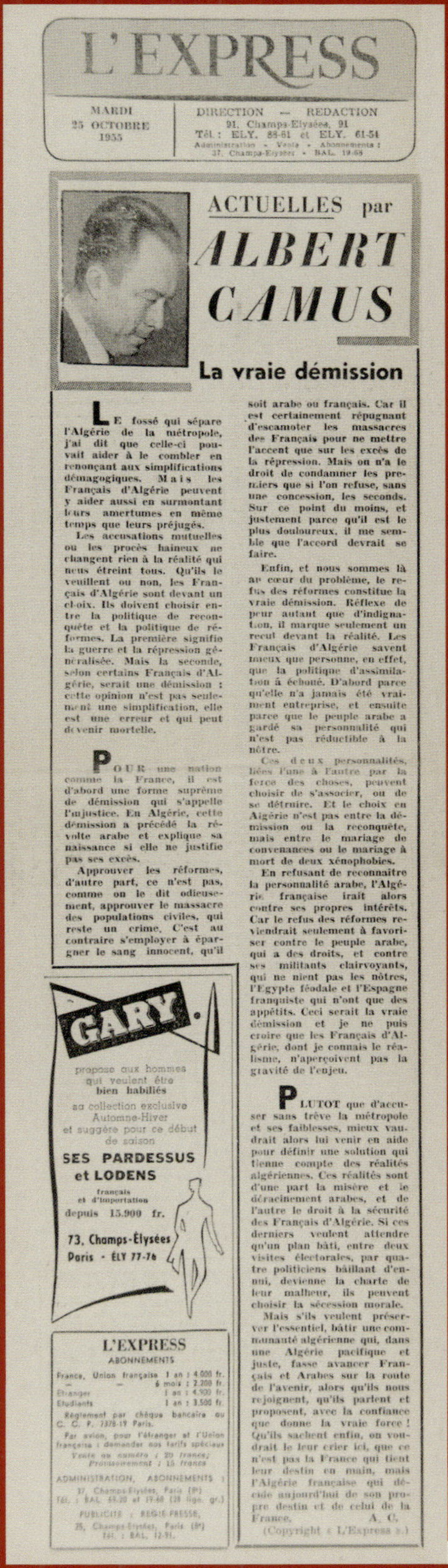

L'EXPRESS

MARDI 25 OCTOBRE 1955

DIRECTION — REDACTION
91, Champs-Elysées, 91
Tél. : ELY. 88-81 et ELY. 61-54
Administration • Vente • Abonnements : 37, Champs-Elysées • BAL. 19-68

ACTUELLES par ALBERT CAMUS

## La vraie démission

Le fossé qui sépare l'Algérie de la métropole, j'ai dit que celle-ci pouvait aider à le combler en renonçant aux simplifications démagogiques. Mais les Français d'Algérie peuvent y aider aussi en surmontant leurs amertumes en même temps que leurs préjugés.

Les accusations mutuelles ou les procès haineux ne changent rien à la réalité qui nous étreint tous. Qu'ils le veuillent ou non, les Français d'Algérie sont devant un choix. Ils doivent choisir entre la politique de reconquête et la politique de réformes. La première signifie la guerre et la répression généralisée. Mais la seconde, selon certains Français d'Algérie, serait une démission : cette opinion n'est pas seulement une simplification, elle est une erreur et qui peut devenir mortelle.

Pour une nation comme la France, il est d'abord une forme suprême de démission qui s'appelle l'injustice. En Algérie, cette démission a précédé la révolte arabe et explique sa naissance si elle ne justifie pas ses excès.

Approuver les réformes, d'autre part, ce n'est pas, comme on le dit odieusement, approuver le massacre des populations civiles, qui reste un crime. C'est au contraire s'employer à épargner le sang innocent, qu'il soit arabe ou français. Car il est certainement répugnant d'escamoter les massacres des Français pour ne mettre l'accent que sur les excès de la répression. Mais on n'a le droit de condamner les premiers que si l'on refuse, sans une concession, les seconds. Sur ce point du moins, et justement parce qu'il est le plus douloureux, il me semble que l'accord devrait se faire.

Enfin, et nous sommes là au cœur du problème, le refus des réformes constitue la vraie démission. Réflexe de peur autant que d'indignation, il marque seulement un recul devant la réalité. Les Français d'Algérie savent mieux que personne, en effet, que la politique d'assimilation a échoué. D'abord parce qu'elle n'a jamais été vraiment entreprise, et ensuite parce que le peuple arabe a gardé sa personnalité qui n'est pas réductible à la nôtre.

Ces deux personnalités, liées l'une à l'autre par la force des choses, peuvent choisir de s'associer, ou de se détruire. Et le choix en Algérie n'est pas entre la démission ou la reconquête, mais entre le mariage de convenances ou le mariage à mort de deux xénophobies.

En refusant de reconnaître la personnalité arabe, l'Algérie française irait alors contre ses propres intérêts. Car le refus des réformes reviendrait seulement à favoriser contre le peuple arabe, qui a des droits, et contre ses militants clairvoyants, qui ne nient pas les nôtres, l'Egypte féodale et l'Espagne franquiste qui n'ont que des appétits. Ceci serait la vraie démission et je ne puis croire que les Français d'Algérie, dont je connais le réalisme, n'aperçoivent pas la gravité de l'enjeu.

Plutot que d'accuser sans trêve la métropole et ses faiblesses, mieux vaudrait alors lui venir en aide pour définir une solution qui tienne compte des réalités algériennes. Ces réalités sont d'une part la misère et le déracinement arabes, et de l'autre le droit à la sécurité des Français d'Algérie. Si ces derniers veulent attendre qu'un plan bâti, entre deux visites électorales, par quatre politiciens bâillant d'ennui, devienne la charte de leur malheur, ils peuvent choisir la sécession morale.

Mais s'ils veulent préserver l'essentiel, bâtir une communauté algérienne qui, dans une Algérie pacifique et juste, fasse avancer Français et Arabes sur la route de l'avenir, alors qu'ils nous rejoignent, qu'ils parlent et proposent, avec la confiance que donne la vraie force ! Qu'ils sachent enfin, on voudrait le leur crier ici, que ce n'est pas la France qui tient leur destin en main, mais l'Algérie française qui décide aujourd'hui de son propre destin et de celui de la France.

A. C.

(Copyright « L'Express ».)



L'EXPRESS
ABONNEMENTS

| | |
|---|---|
| France, Union française | 1 an : 4.000 fr. |
| — — | 6 mois : 2.200 fr. |
| Etranger | 1 an : 4.900 fr. |
| Etudiants | 1 an : 3.500 fr. |

Règlement par chèque bancaire ou C. C. P. 7378-19 Paris.
Par avion, pour l'étranger et l'Union française : demander nos tarifs spéciaux
Vente au numéro : 20 francs; Provisoirement : 15 francs
ADMINISTRATION, ABONNEMENTS : 37, Champs-Elysées, Paris (8e) Tél. : BAL. 49-20 et 19-68 (28 lign. gr.)
PUBLICITE : REGIE-PRESSE, 25, Champs-Elysées, Paris (8e) Tél. : BAL. 12-91.

3

1 - 阿尔贝·加缪和排字工人乔治·罗阿在《快报》的版台前，他在《战斗报》的时候就与他打交道了，在他们身后是《快报》的主编菲利普·格兰巴赫。

2 - 给排字工人乔治·罗阿的信。

3 - 1955年10月25日，加缪在他的专栏作品中解释他对法国—阿尔及利亚冲突的看法。

“别等末日审判了，它每天都在进行。”

《堕落》

1

“何处开始坦白？何处开始控告？这本书里说话的人控告的是他，还是他的时代？他是一个特例，还是普通人？无论如何，这就是这面镜子里唯一的真理：痛苦以及痛苦允诺的东西。”

《堕落》，注解

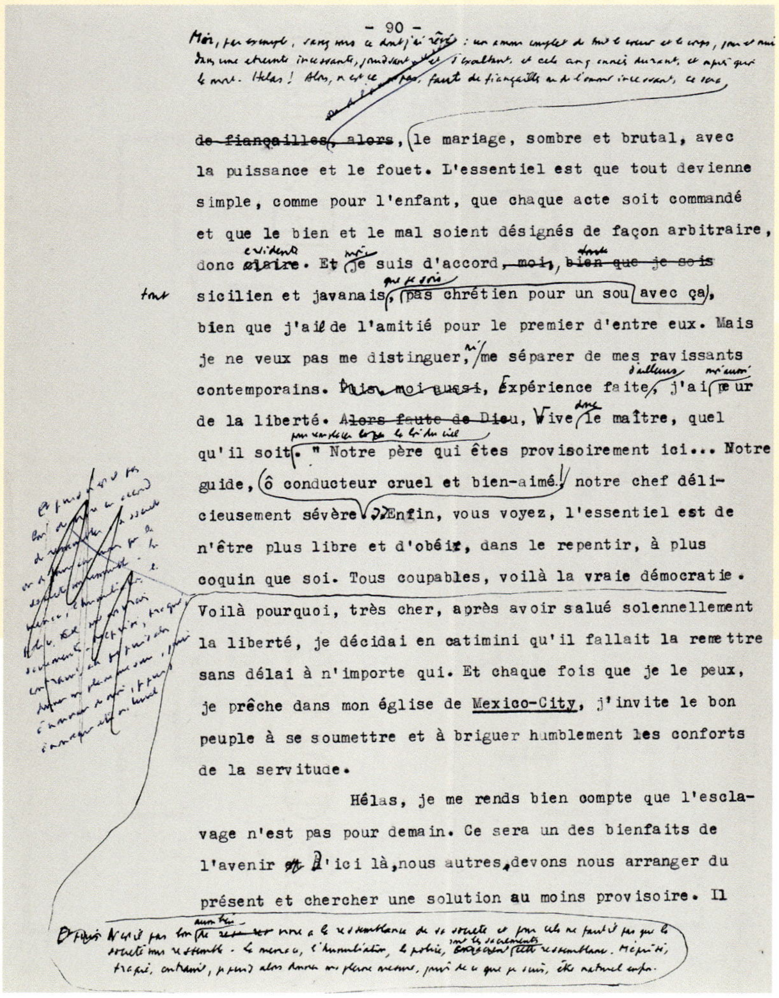

\- 90 -

de fiançailles, alors, le mariage, sombre et brutal, avec la puissance et le fouet. L'essentiel est que tout devienne simple, comme pour l'enfant, que chaque acte soit commandé et que le bien et le mal soient désignés de façon arbitraire, donc claire. Et je suis d'accord, moi, bien que je sois sicilien et javanais, pas chrétien pour un sou avec ça, bien que j'ai de l'amitié pour le premier d'entre eux. Mais je ne veux pas me distinguer, me séparer de mes ravissants contemporains. Moi, moi aussi, Expérience faite, j'ai peur de la liberté. Alors faute de Dieu, Vive le maître, quel qu'il soit. " Notre père qui êtes provisoirement ici... Notre guide, ô conducteur cruel et bien-aimé, notre chef délicieusement sévère. Enfin, vous voyez, l'essentiel est de n'être plus libre et d'obéir, dans le repentir, à plus coquin que soi. Tous coupables, voilà la vraie démocratie. Voilà pourquoi, très cher, après avoir salué solennellement la liberté, je décidai en catimini qu'il fallait la remettre sans délai à n'importe qui. Et chaque fois que je le peux, je prêche dans mon église de Mexico-City, j'invite le bon peuple à se soumettre et à briguer humblement les conforts de la servitude.

Hélas, je me rends bien compte que l'esclavage n'est pas pour demain. Ce sera un des bienfaits de l'avenir. D'ici là, nous autres, devons nous arranger du présent et chercher une solution au moins provisoire. Il

2

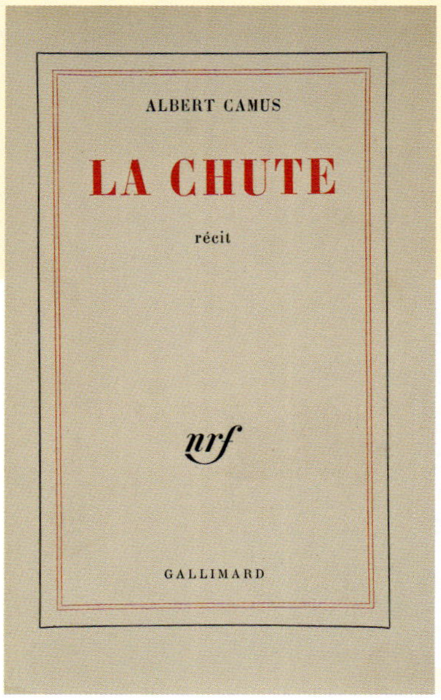


3

1 - 墨西哥城酒吧。在阿姆斯特丹的这家酒吧里，阿尔贝·加缪的小说主人公若望—巴蒂斯特·克拉芒斯，巴黎的一位律师，开始讲述他的一生。

2 -《堕落》修改后的打印稿。

3 - 1956年，加缪发表了谜一样的小说《堕落》，小说采取了长篇独白的形式，叙述了失去的天真和有待重获的天堂。瑞典学院主席阿克·埃勒朗松认为，《堕落》的出版为评判委员指明了诺贝尔奖颁发的方向。

4 - 加缪在伽利玛出版社的阳台上。

“这时，死的念头闯入我的日常生活。[……]我将没有时间完成我的使命，这个念头折磨着我。”

《堕落》

1

“看哪，下雪了！我得出去！在银白的夜里入睡的阿姆斯特丹，覆盖着雪的小桥底下暗玉砌就的运河，阒无人迹的街道，无声无息的脚步，那将是纯洁无瑕，然而转眼就变成明日的泥泞。您看巨大的雪团打在窗上散成一片。是鸽子，一定是。”

《堕落》

1 - 1956年，加缪在夏蒙尼附近的罗克山。

2 - 空中俯瞰阿姆斯特丹。

3 -《堕落》的各国封面。

2

“您注意到阿姆斯特丹的同心运河好像地狱之圈了吗？资产阶级的地狱，自然是纠缠着噩梦。”

《堕落》

3

1

“因此，据我看，《安魂曲》是少有的现代悲剧之一。”

《晨祷的安魂曲》，附录

情节中有七个人物。首先是一对年轻夫妇。他是一个高贵而奇特的人，由米歇尔·奥克莱尔扮演；她是一个多少有些轻佻的女人，由卡特琳·塞莱斯扮演。至于“晨祷”，它以塔吉娅娜·穆吉娜的面目出现。马克·卡索，是年轻夫妇的叔父，是一个充当“操纵者”的律师，米歇尔·莫莱特出演弗吉尼亚的州长。弗朗索瓦·达鲁，年轻的强盗，雅克·克里佩尔，狱卒，阴险的喜剧典型，他们是这出侦探剧的轻松因素，其结尾乃是处决的前夜。

《晨祷的安魂曲》，附录

1 - 将福克纳的《晨祷的安魂曲》改编成戏剧。作品于1956年成功地被搬上舞台。这里是卡特琳·塞莱斯、阿尔贝·加缪和马克·卡索在排练中。

2 - 阿尔贝·加缪在马图林剧院。

3 - 阿尔贝·加缪和卡特琳娜·塞莱斯。

4 - 加缪在工作中。

2

3

“我是威廉姆斯·福克纳的崇拜者，很久以前我就知道和阅读他的作品。我认为，他是你们最伟大的作家……”

《晨祷的安魂曲》，附录

4

1

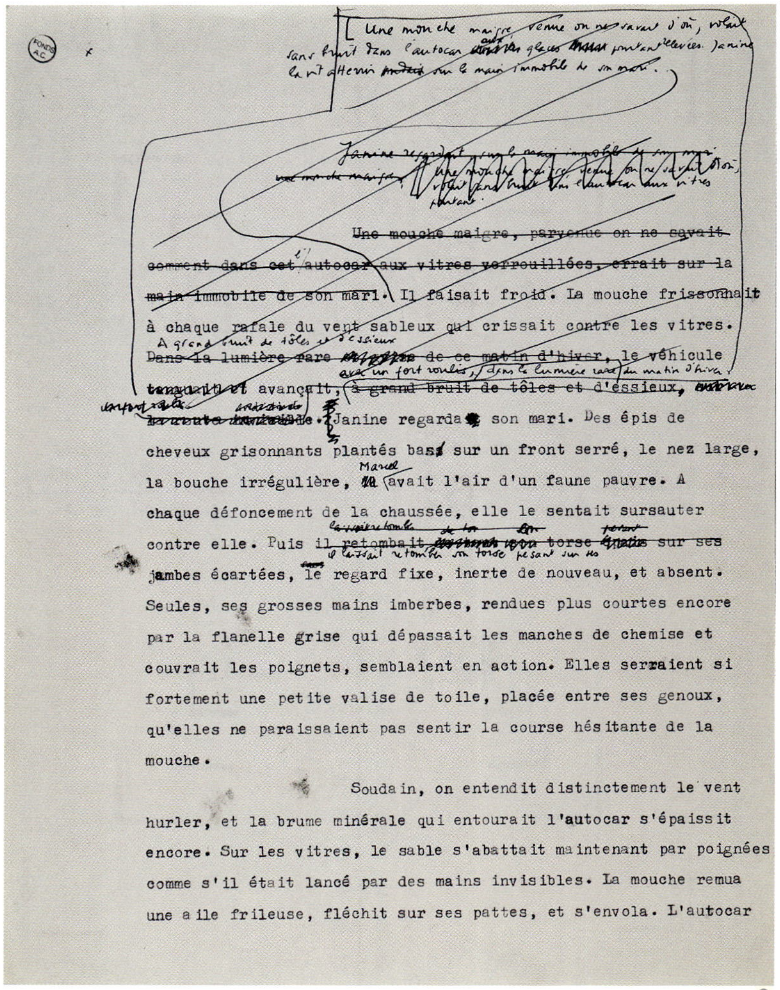

Une mouche maigre, parvenue on ne savait comment dans cet autocar aux vitres verrouillées, errait sur la main immobile de son mari. Il faisait froid. La mouche frissonnait à chaque rafale du vent sableux qui crissait contre les vitres. Dans la lumière rare de ce matin d'hiver, le véhicule tanguait et avançait, à grand bruit de tôles et d'essieux, lourdement. Janine regarda son mari. Des épis de cheveux grisonnants plantés bas sur un front serré, le nez large, la bouche irrégulière, il avait l'air d'un faune pauvre. A chaque défoncement de la chaussée, elle le sentait sursauter contre elle. Puis il retombait sur ses jambes écartées, le regard fixe, inerte de nouveau, et absent. Seules, ses grosses mains imberbes, rendues plus courtes encore par la flanelle grise qui dépassait les manches de chemise et couvrait les poignets, semblaient en action. Elles serraient si fortement une petite valise de toile, placée entre ses genoux, qu'elles ne paraissaient pas sentir la course hésitante de la mouche.

Soudain, on entendit distinctement le vent hurler, et la brume minérale qui entourait l'autocar s'épaissit encore. Sur les vitres, le sable s'abattait maintenant par poignées comme s'il était lancé par des mains invisibles. La mouche remua une aile frileuse, fléchit sur ses pattes, et s'envola. L'autocar

2

3

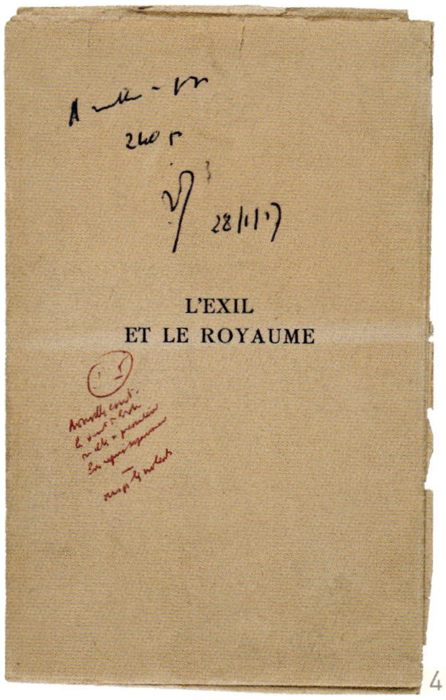


4

1 - 1957年，伽利玛出版社出版了献给弗朗西娜的《流放与王国》，这本集子收了1952年至1956年间所写的六篇小说：《不贞的妻子》、《叛教者或一个精神错乱的人》、《沉默的人们》、《来客》、《约拿或工作中的艺术家》和《生长的石头》。

2 -《不贞的妻子》第一段修改过的打印稿。

3, 4 - 修改过的清样和题目手稿。

5 - 1954年，欧仁·克莱兰为诺埃尔·舒曼出版社出版的《不贞的妻子》所作的插图。

6 -《不贞的妻子》题目的手稿。

7, 8 -《不贞的妻子》第一段增补内容的亲笔手稿。

“从古至今，在这片广袤疆域的干旱的、被榨得只剩下骨头的土地上，总有一些人无休止地来回迁徙。一无所有，却不仰承任何人的鼻息，贫穷而自由，他们是一个古怪的王国的主人。”

《流放与王国·不贞的妻子》

5

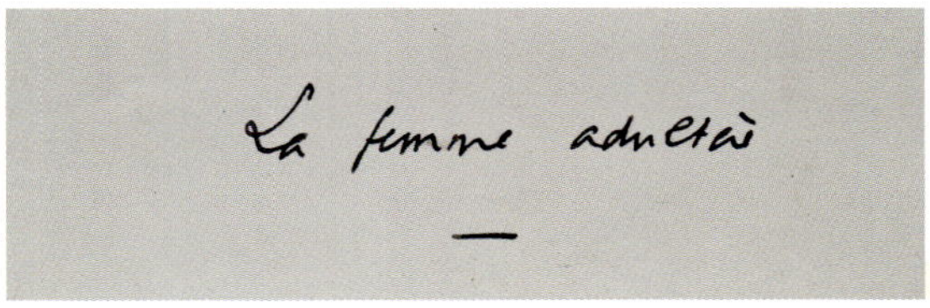

La femme adultère

—

6

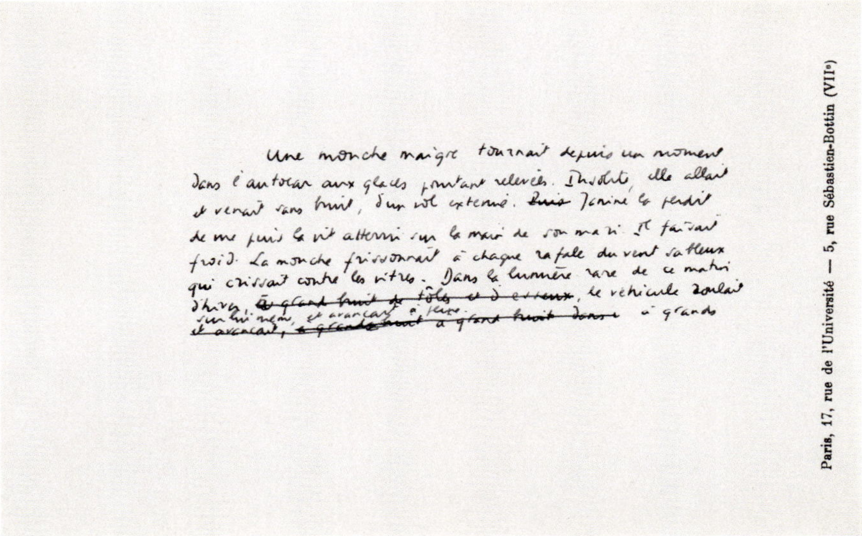

Une mouche maigre tournait depuis un moment
dans l'autocar aux glaces pourtant relevées. Insolite, elle allait
et venait sans bruit, d'un vol exténué. ~~Puis~~ Janine la perdit
de vue puis la vit atterrir sur la main de son mari. Il faisait
froid. La mouche frissonnait à chaque rafale du vent sableux
qui crissait contre les vitres. Dans la lumière rare de ce matin
d'hiver, le véhicule roulait
sur lui-même, et avançait à peine. ~~à grand bruit dans~~ à grands
~~et avançait,~~

Paris, 17, rue de l'Université — 5, rue Sébastien-Bottin (VII^e)

7

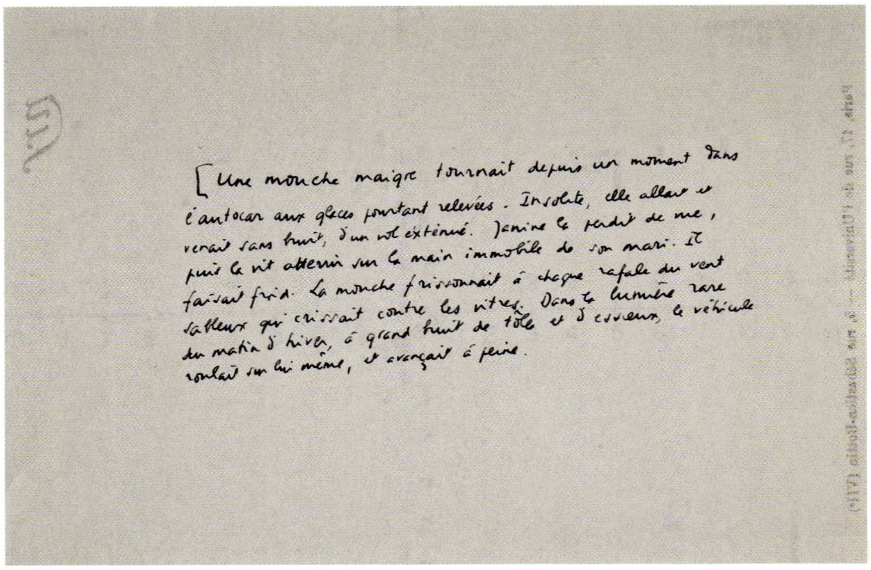

[Une mouche maigre tournait depuis un moment dans
l'autocar aux glaces pourtant relevées. Insolite, elle allait et
venait sans bruit, d'un vol exténué. Janine la perdit de vue,
puis la vit atterrir sur la main immobile de son mari. Il
faisait froid. La mouche frissonnait à chaque rafale du vent
sableux qui crissait contre les vitres. Dans la lumière rare
du matin d'hiver, à grand bruit de tôle et d'essieux, le véhicule
roulait sur lui-même, et avançait à peine.

8

“然后，我感到出乎预料的激动，越来越激动，我很长久没有这么激动了，它使任何赞美都显得有些徒然了。”

让·格勒尼埃给阿尔贝·加缪的信，1955年4月25日

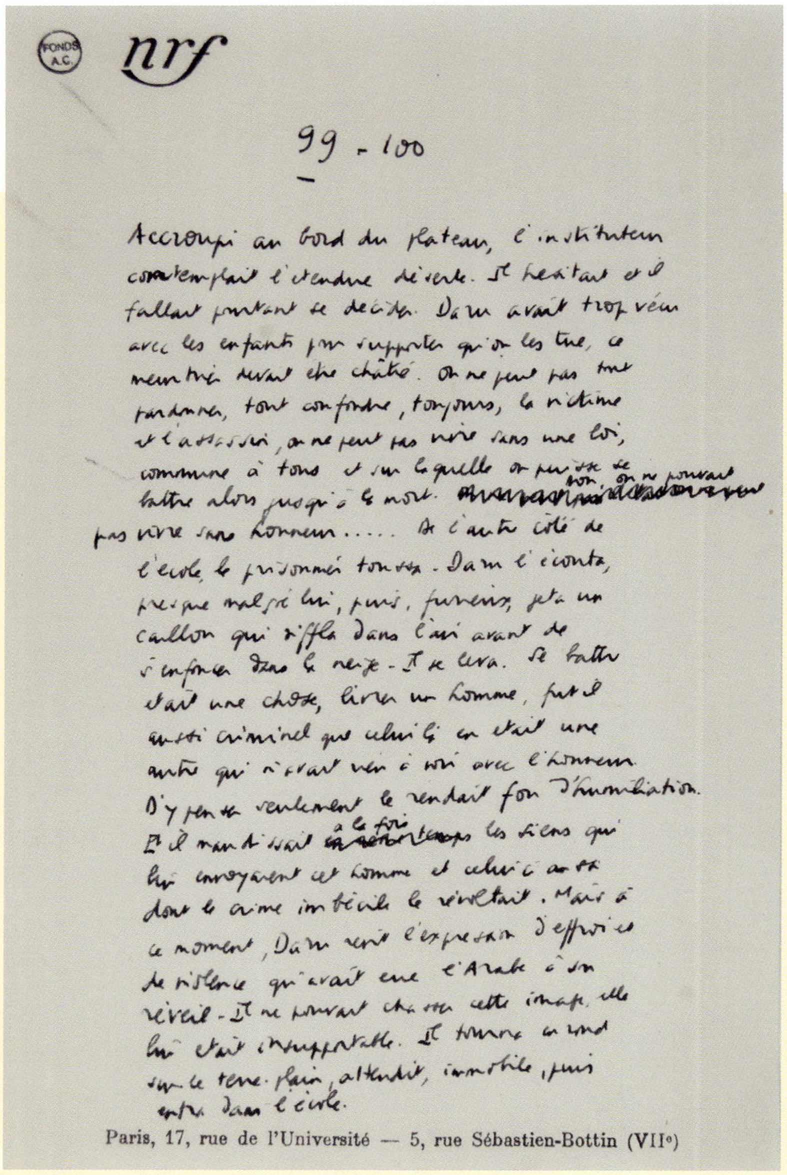
nrf

FONDS A.C.

99 - 100

Accroupi au bord du plateau, l'instituteur contemplait l'étendue déserte. Il hésitait et il fallait pourtant se décider. Daru avait trop vécu avec les enfants pour supporter qu'on les tue, ce meurtrier devait être châtié. On ne peut pas tout pardonner, tout confondre, toujours, la victime et l'assassin, on ne peut pas vivre sans une loi, commune à tous et sur laquelle on puisse se battre alors jusqu'à la mort. ~~[illegible]~~ mais on ne pouvait pas vivre sans honneur..... De l'autre côté de l'école, le prisonnier toussa. Daru l'écouta, presque malgré lui, puis, furieux, jeta un caillou qui siffla dans l'air avant de s'enfoncer dans la neige. Il se leva. Se battre était une chose, livrer un homme, fut-il aussi criminel que celui-là en était une autre qui n'avait rien à voir avec l'honneur. D'y penser seulement le rendait fou d'humiliation. Et il maudissait à la fois ~~en même temps~~ les siens qui lui envoyaient cet homme et celui-ci [illegible] dont le crime imbécile le révoltait. Mais à ce moment, Daru revit l'expression d'effroi et de violence qu'avait eue l'Arabe à son réveil. Il ne pouvait chasser cette image, elle lui était insupportable. Il tourna en rond sur le terre-plein, attendit, immobile, puis entra dans l'école.

Paris, 17, rue de l'Université — 5, rue Sébastien-Bottin (VIIe)

1

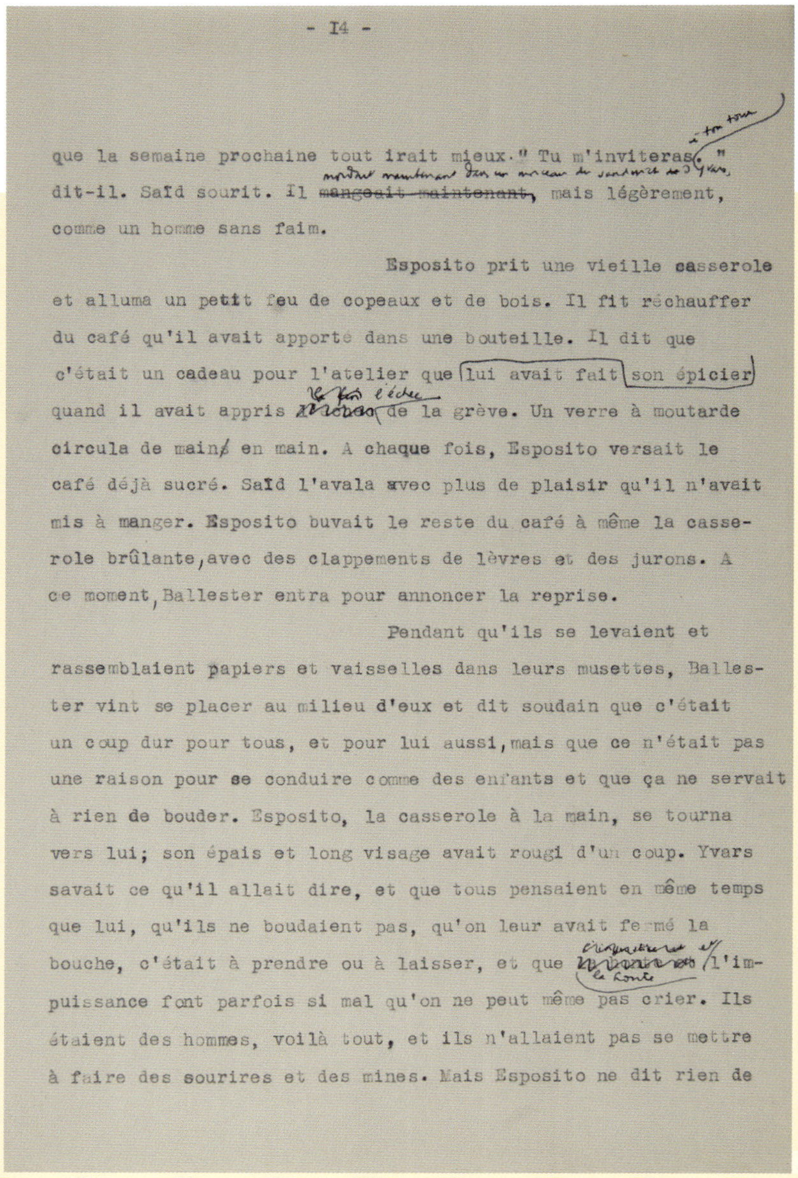
- I4 -

que la semaine prochaine tout irait mieux." Tu m'inviteras à ton tour." dit-il. Saïd sourit. Il ~~mangeait maintenant~~ mordant maintenant dans un morceau de sandwich de Yvars, mais légèrement, comme un homme sans faim.

Esposito prit une vieille casserole et alluma un petit feu de copeaux et de bois. Il fit réchauffer du café qu'il avait apporté dans une bouteille. Il dit que c'était un cadeau pour l'atelier que lui avait fait son épicier quand il avait appris ~~l'échec~~ la fin l'échec de la grève. Un verre à moutarde circula de main en main. A chaque fois, Esposito versait le café déjà sucré. Saïd l'avala avec plus de plaisir qu'il n'avait mis à manger. Esposito buvait le reste du café à même la casserole brûlante, avec des clappements de lèvres et des jurons. A ce moment, Ballester entra pour annoncer la reprise.

Pendant qu'ils se levaient et rassemblaient papiers et vaisselles dans leurs musettes, Ballester vint se placer au milieu d'eux et dit soudain que c'était un coup dur pour tous, et pour lui aussi, mais que ce n'était pas une raison pour se conduire comme des enfants et que ça ne servait à rien de bouder. Esposito, la casserole à la main, se tourna vers lui; son épais et long visage avait rougi d'un coup. Yvars savait ce qu'il allait dire, et que tous pensaient en même temps que lui, qu'ils ne boudaient pas, qu'on leur avait fermé la bouche, c'était à prendre ou à laisser, et que ~~la honte~~ l'exaspération et la honte et l'impuissance font parfois si mal qu'on ne peut même pas crier. Ils étaient des hommes, voilà tout, et ils n'allaient pas se mettre à faire des sourires et des mines. Mais Esposito ne dit rien de

2

"他站起身来，教室里一点儿声音也没有。一阵真诚的喜悦涌上心头，他感到惊奇，因为他居然想到阿拉伯人可能已经逃之夭夭，他又要幽居独处而无须下什么决心了。然而，犯人还在，只不过是直挺挺地躺在炉子和写字台中间了。"

《流放与王国·来客》

3

"[……]拉多看着画布，上面空空如也，只是在当中，约拿写了两个非常小的字，可以看得出来，但不知该读作 solitaire 还是 solidaire(孤独还是团结)。"

《流放与王国·约拿或工作中的艺术家》

"他刚咬了几口，看见赛义德躺在离他不远的一堆刨花上，望着大玻璃窗出神，这时的天空不那么亮了，玻璃窗泛着蓝光。他问他是不是吃过饭了。赛义德说他吃过无花果了。伊瓦尔不吃了，心头一热，见过拉萨尔后一直不曾离开他的那种不自在的感觉，顿时烟消云散了。他站起身，掰了一块面包给赛义德，赛义德不要，他说下星期一都会好的，"那到时你再回请我好了"。赛义德笑了。他有这伊瓦尔分给他的面包，轻轻地，仿佛他不饿似的。"

《流放与王国·沉默的人们》

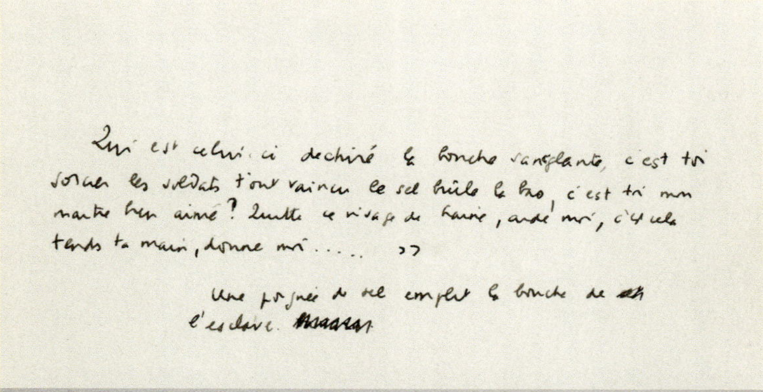

4

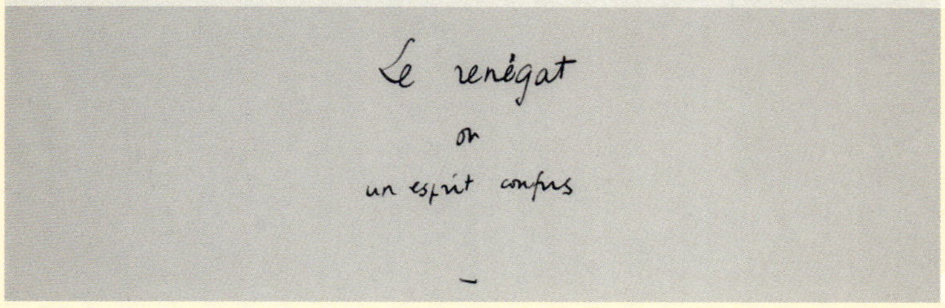


5

1 -《来客》的亲笔手稿。

2 -《来客》修改过的打字稿。

3 -《叛教者或一个精神错乱的人》增补内容的亲笔手稿。

4 -《叛教者或一个精神错乱的人》标题的亲笔手稿。

5, 6 - 短篇小说《约拿或工作中的艺术家》标题页清样，有亲笔修改的痕迹。

7 - 1957年的加缪。

6

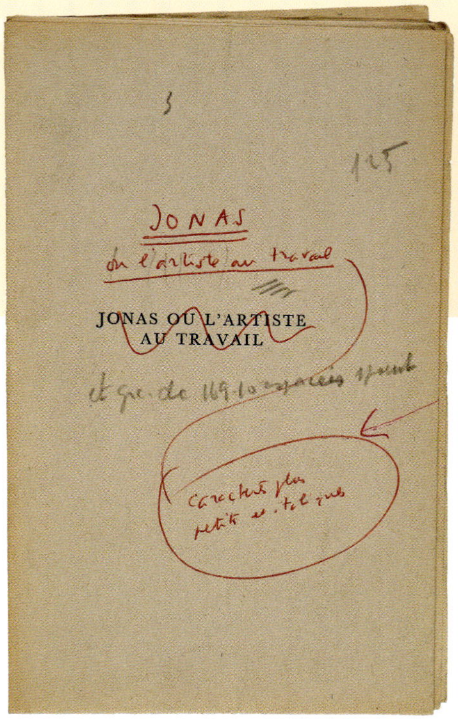


7

"'没什么，'片刻之后，请来的医生说，'他工作过度了。一个星期之后，他就会站起来的。'

'他会好的，您有把握吗?'路易丝脸色大变。"

《流放与王国·约拿或工作中的艺术家》

1

2

3

4

1至5 - 在普雷卡特朗剧院排练《奥尔梅多骑士》。卡特琳娜和让·加缪陪同父亲。

6 - 让—彼埃尔·玛丽埃尔、多米尼克·布朗夏尔、卡特琳娜·加缪、卡特琳娜·塞莱斯和阿尔贝·加缪。

英雄主义，温情，美，荣誉，神秘，幻想，它们扩大了人的命运，一句话，扩大了生活的激情，它们贯穿了整个舞台，让我们想起今天关在壁橱和私室中的戏剧的基本价值之一。今天，在我们遍布灰烬的欧洲，洛佩·德·维伽和西班牙戏剧能够带来无尽的光明和独特的青春气息，帮助我们在舞台上重获崇高精神，以便最终为我们的戏剧的真正前途服务。

《奥尔梅多骑士》，前言

5

“无论如何，我希望人们看重这出戏的青春气息和光彩，这是洛佩·德·维伽最成功的戏之一，它通过爱与死的主题的交叉使人不时想起《罗密欧与朱丽叶》。”

《奥尔梅多骑士》，前言

6

“他不是一个诱惑者，他是一个有诱惑力的男人，这根本不是一回事……他的魅力在于他的单纯。”

卡特琳娜·塞莱斯，《约埃尔·卡尔麦特的采访》，2009年

1 - 1957年，第六届昂杰尔戏剧节的海报。加缪拿出了修订过的《卡利古拉》和新导演的《奥尔梅多骑士》。

2 - 在巴伽特尔排练时遇雨，中间者为加缪。

3 - 1957年在昂杰尔，加缪指导演员排练《奥尔梅多骑士》。

“只是，当我写戏的时候，这是作家在创作一部作品，这部作品服从更广阔、更细心考虑的计划。当我改编的时候，是导演根据他对戏剧的观念在工作。实际上，我相信完整的戏剧，由同一种精神来构思、启发和指导，由同一个人来写、来导演，这可以获得语调、风格和节奏的一致，而这是一出戏获得成功的基本手段。”

《为什么我从事戏剧？》

1

“昂杰尔戏剧节结束。累但幸福。生活，奇妙的生活，其不公，其荣耀，其激情，其斗争，生命又重新开始。还有力量爱一切，创造一切。”

《加缪笔记，1954—1958》

2

3

"我得到这个消息，感到某种恐慌。
帮助我的，是我所爱的一些人的示意。"

阿尔贝·加缪给尼古拉·夏洛蒙特的信，1957年10月20日

1, 2 - 1957年10月17日，瑞典学院的常任秘书安德斯·奥斯特林通过广播宣布诺贝尔文学奖授予阿尔贝·加缪，"因他的文学作品透彻认真地阐明了当代人的良心所面临的问题"。阿尔贝·加缪是年四十四岁。加缪接受一位记者的采访。

3, 4 - 接受诺贝尔文学奖时，阿尔贝·加缪和他的妻子弗朗西娜在《新法兰西评论》的花园里。

1

"无论如何，我都应该克服这个出乎意料的消息使我感到的不可理解的恐惧和惊慌。"

《加缪笔记，1949—1959》

2

3

4

1 - 1957年10月17日，在伽利玛的家里，诺贝尔文学奖获得者阿尔贝·加缪和他的妻子弗朗西娜接受瑞典大使拉纳尔·库姆林的祝贺。

2, 3 - 宣布诺贝尔奖的时候，阿尔贝·加缪在伽利玛出版社的客厅里。

“我被降临到我身上的东西吓坏了，我并没有要求它。为了平衡一切，我接受了令人揪心的如此低级的攻击。”

《加缪笔记，1949—1959》

“去斯德哥尔摩接受与此有关的一切，是我的义务。[……] 我觉得应该大大方方地照章办事。[……] 您的信使我感受到友情，我心里热乎乎的。”

阿尔贝·加缪给罗杰·马丁·杜伽尔（1937年诺贝尔文学奖得主）的信，1957年11月20日

1

2

“然而几年来加缪似乎躺在他的成功之上；他的近作（《堕落》和《流放与王国》）无疑没有一部吸引新的读者。人们要问加缪是否未达到创作的第二高峰，瑞典学院是否本想使一位年轻作家出名，却促成了一种早熟的僵化。”

罗杰·斯特凡，《观察家报》，1957年10月24日

“对一个机构看待作品的内容而不是它的品质，为什么要表示惊奇呢？[……] 它不可抵抗地受到一个人的吸引，这个人用大写字母做拐杖，在写作的路上痛苦地跋涉，依靠着人类的良心、尊严，以及同样是人类的自由和希望。[……] 应该承认诺贝尔评奖委员有一种嗅觉：这种嗅觉使他们万无一失地发现一部作品，海明威的、纪德的、莫里亚克的，结束了，或差不多结束了。惊讶于加缪如此年轻就被诺贝尔评奖委员看中的那些人忽略了这种嗅觉，院士们通过他们的决定证明了加缪完了。这并不是那么糟糕。”

雅克·洛朗，《艺术》，1957年10月23日

“我觉得自己还太年轻。我个人会投票给马尔罗。对于诺贝尔委员会愿意表彰一位出身阿尔及利亚的法国作家，我要老实地表示感谢。或远或近，我从未写过和我出生的土地没有联系的东西。我所有的思想都属于这片土地，属于它的不幸。”

《瑞典演说》，附录

3

1

“诺贝尔。疲惫和忧郁的奇怪感觉。二十岁，贫穷，一无所有，我却知道了真正的荣耀。我的母亲。”

《加缪笔记，1949—1959》

2

1 - 1957年12月，加缪和弗朗西娜在开往斯德哥尔摩的火车上。

2 - 阿尔贝·加缪和雅尼娜·伽利玛在开往斯德哥尔摩的火车的餐车上。

3 - 在离开丹麦前往瑞典的船上。

4 - 诺贝尔颁奖仪式前夜，记者招待会之前在诺贝尔塑像前。

5 - 斯德哥尔摩市长接见阿尔贝·加缪。

3

5

4

“一个月内，三次窒息发作，加上害怕幽居的恐慌。精神失常。[ …… ] 反复的焦虑。”

《加缪笔记，1949—1959》

加缪到达斯德哥尔摩的第二天，1957年12月9日，举行记者招待会。

——加缪先生，您认为您的人物中哪一个以最直接、最公开的加缪的口吻说话？

——您知道，这是一个难以回答的问题，因为我一直认为作家的人物代表了他的意图。对我来说，作家就是一种生命力。我说作家，因为我是一个作家。我应该说："艺术家，就是一种生命力。"因此，作家也是。一种生命力，显然是多样形式的生的力量……它有多种方向，受到各种诱惑。反正，我不能说哪一个人物是我的传声筒。我的印象是所有的人物都是我，甚至那些不那么可亲的人物。

《瑞典演说》，1957年12月9日记者招待会

在说完写作这一职业的高尚之后，我同时就要把作家放到他真正的位置上去，他只有与战友共享的名义，他脆弱但也固执，他不公正却又醉心于正义，他在众目睽睽下既无羞愧又无骄傲地构筑他的作品，永远处于痛苦和美的分割之中，并且一心一意要从他的双重存在中提取他固执地试图在历史的破坏运动中建立起来的作品。如此说来，谁能够指望从他那里得到现成的解决办法和好听的道德教训？真理是神秘的、不可捉摸的，总是需要争取的。自由是危险的，既难以承受又激动人心。我们应当艰难然而坚决地朝着这两大目标前进，并预先确定我们会在一条如此漫长的道路上身衰力竭。

《瑞典演说》

1

“我觉得自己首先是团结大众的。”

《明天报》的采访，1957年10月

1 - 弗朗西娜·加缪在诺贝尔奖颁发仪式上。

2 - 1957年12月，授予阿尔贝·加缪的诺贝尔奖瑞典文的翻底片。

3 - 1957年12月10日，加缪走到台前发表诺贝尔奖授予演说。

4, 5 - 演说结束，瑞典国王古斯塔夫六世和全体与会者祝贺阿尔贝·加缪。

6 - 弗朗西娜·加缪和古斯塔夫六世。

2

3

4

5

6

“伟大的艺术家在这条山脊上前进，每一步都是一种奇遇，都是一次极端的冒险；然而艺术家的自由正是，也仅仅是处在这种冒险之中。”

《瑞典演说·艺术家及其时代》，1957年12月14日在乌普萨拉大学的演说每一种伟大的作品都使人的面目更加令人赞叹、更加丰富，这就是它的全部秘密。成千上万的集中营和监狱铁窗并不足以模糊这种令人震惊的尊严的证据。这就是为什么，人们不能为了准备一种新文化而哪怕是暂时地中止文化。人们不能终止人对其苦难和高贵的不间断的见证，人们不能终止呼吸。不存在一种没有遗产的文化，我们不能也不应该拒绝我们的即西方的遗产。无论未来的作品是什么样，它们都将包含着同一个秘密，由各时代各民族的成千上万个艺术家的勇气、自由和胆识造就的秘密。是的，当现代暴政向我们显示出，艺术家就是局限在其职业之内也是公众的敌人时，它是有道理的；然而，这样它也通过艺术家向人的一种形象表达了敬意，迄今为止，任何东西也不能粉碎这一形象。

《瑞典演说·艺术家及其时代》，1957年12月14日在乌普萨拉大学的演说

1

2

1 - 阿尔贝·加缪与弗朗西娜·加缪准备照相。

2 - 在斯德哥尔摩城市旅馆为圣—露丝举行招待会。

3 - 阿尔贝·加缪、雅尼娜·伽利玛、弗朗西娜·加缪、克洛德、西蒙娜和米歇尔·伽利玛。

4 - 阿尔贝和弗朗西娜·加缪与克洛德和米歇尔·伽利玛。

“他全身心地参加到服务于人的最优秀的东西中去，反对所有镇压、玷污和讥笑，作家，戏剧家，醒世作家总是自发地知道如何保留现实、偶然性、政治和论战——在其他人那里是宣传——带来的庸俗和容易之形式与思想。”

《瑞典演说》，附录

3

“我受够了，生活，行动，感觉，都是为了指责一个，赞扬另一个。总是根据别人赋予我的形象来生活，我真是受够了。我决定自立，我要在相互依存中求得独立。”

《第一个人》，附录

4

1 - 签名售书，腰封上写着“诺贝尔奖”。

2 - 1958年6月，加缪和玛利亚·卡萨莱斯、米歇尔、雅尼娜·伽利玛同游希腊。

神话的生命不在它们自身之中，它们等待着我们将其具体化。世上只要有一个人回答它们的呼唤，它们就会向我们奉献出完好无损的活力。我们要保存起来，不要让它睡得死过去，以便重生成为可能。我有时怀疑是否还能拯救今天的人；但是，在肉体上和精神上拯救这个人的孩子还是可能的，有可能同时给予他们幸福的机会和美的机会。

《夏天集·普罗米修斯在地狱》

“我们放逐了美，而希腊人为她拿起了武器。”

《夏天集·海伦的放逐》

1

“德尔福。又一次在光的阶梯上不同寻常地上升。我又找回了步伐。”

《加缪笔记，1949—1959》

1

2

3

4

“在舞台上，我们不能不团结，因为（我刚才说毕竟有一种感情上的团结），总之我想说我们不能不团结，因为两个月在一个舞台上工作的成果，就像是我们共同采集的果实。”

《群魔》，附录

“陀思妥耶夫斯基的《群魔》是我认为超过所有戏剧的四五部戏之一。”

《群魔》，附录

5

6

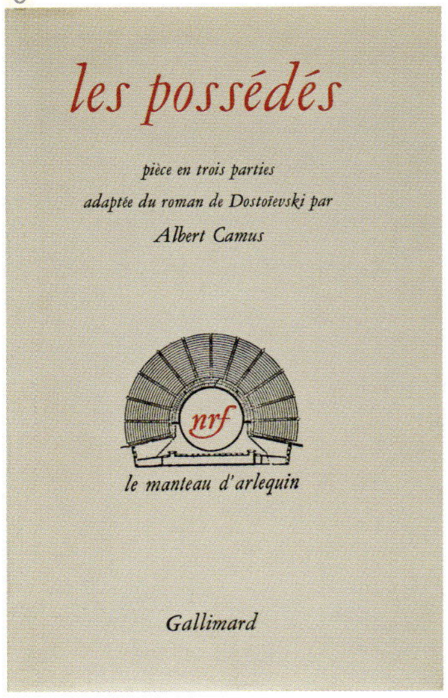
les possédés

*pièce en trois parties*

*adaptée du roman de Dostoïevski par*

*Albert Camus*

*le manteau d'arlequin*

Gallimard

7

DOSTOIEVSKI

FÉDOR MICHAÏLOVITCH DOSTOÏEVSKI naquit à Moscou en 1821. Son père, chirurgien, était un homme vulgaire et grossier. Une longue suite d'économie lui permit d'acheter, en 1832, un village de 500 arpents et de 100 âmes. Il avait, disait-il, toujours raison de battre un serf qui le croisait : si le

8

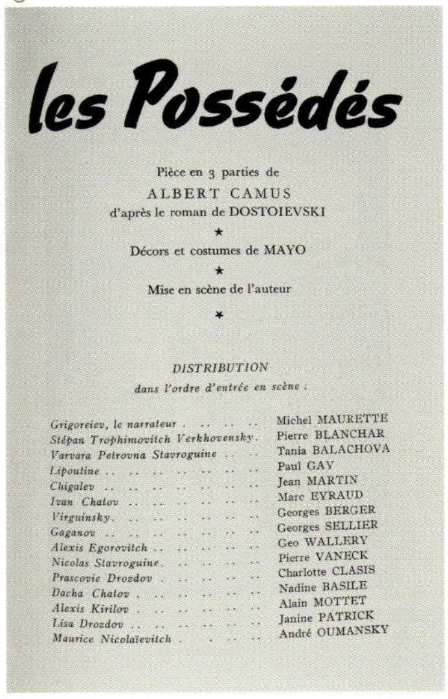
les Possédés

Pièce en 3 parties de

ALBERT CAMUS

d'après le roman de DOSTOIEVSKI

★

Décors et costumes de MAYO

★

Mise en scène de l'auteur

★

*DISTRIBUTION*

*dans l'ordre d'entrée en scène :*

| | |
|---|---|
| *Grigoreiev, le narrateur* | Michel MAURETTE |
| *Stépan Trophimovitch Verkhovensky* | Pierre BLANCHAR |
| *Varvara Petrovna Stavroguine* | Tania BALACHOVA |
| *Lipoutine* | Paul GAY |
| *Chigalev* | Jean MARTIN |
| *Ivan Chatov* | Marc EYRAUD |
| *Virguinsky* | Georges BERGER |
| *Gaganov* | Georges SELLIER |
| *Alexis Egorovitch* | Geo WALLERY |
| *Nicolas Stavroguine* | Pierre VANECK |
| *Prascovie Drozdov* | Charlotte CLASIS |
| *Dacha Chatov* | Nadine BASILE |
| *Alexis Kirilov* | Alain MOTTET |
| *Lisa Drozdov* | Janine PATRICK |
| *Maurice Nicolaïevitch* | André OUMANSKY |

1 - 1959年，加缪改编了费多尔·陀思妥耶夫斯基的《群魔》并搬上舞台。马约负责布景和服装。1月30日，在安托瓦纳剧场举行首演。照片为加缪在排练中。

2 - 罗杰·布兰和彼埃尔·瓦奈克。

3 - 雅尼娜·帕特里克、卡特琳娜·塞莱斯、彼埃尔·瓦莱克和纳蒂娜·巴希尔。

4 - 彼埃尔·布朗夏、雅尼娜·帕特里克和阿尔贝·加缪。

5 - 加缪和塔尼亚·巴拉索娃在工作中。

6 - 加缪将陀思妥耶夫斯基的小说《群魔》改编成三幕话剧，《台口装饰幕丛书》，伽利玛出版社，1959年。

7 - 俄国大师的肖像（还有托尔斯泰的肖像）始终摆在加缪的办公室里：“因为他教会我们已知的，但是拒绝承认的东西。”

8 - 主要角色是塔尼亚·巴拉索娃、卡特琳娜·塞莱斯、彼埃尔·布朗夏、彼埃尔·瓦奈克和阿兰·莫代。

1, 2 - 1959年4月20日，加缪在安托瓦纳剧场，那是上演《群魔》的地方。

1

2

“书应该是未完成的。”

《第一个人》

1, 2 -《第一个人》的手稿，未完成的小说，1995年身后出版。

3, 6, 7 - 1958年9月，加缪用诺贝尔奖奖金在瓦克吕兹省的卢尔马兰买了一栋房子。

4, 5 - 加缪在卢尔马兰的书房。

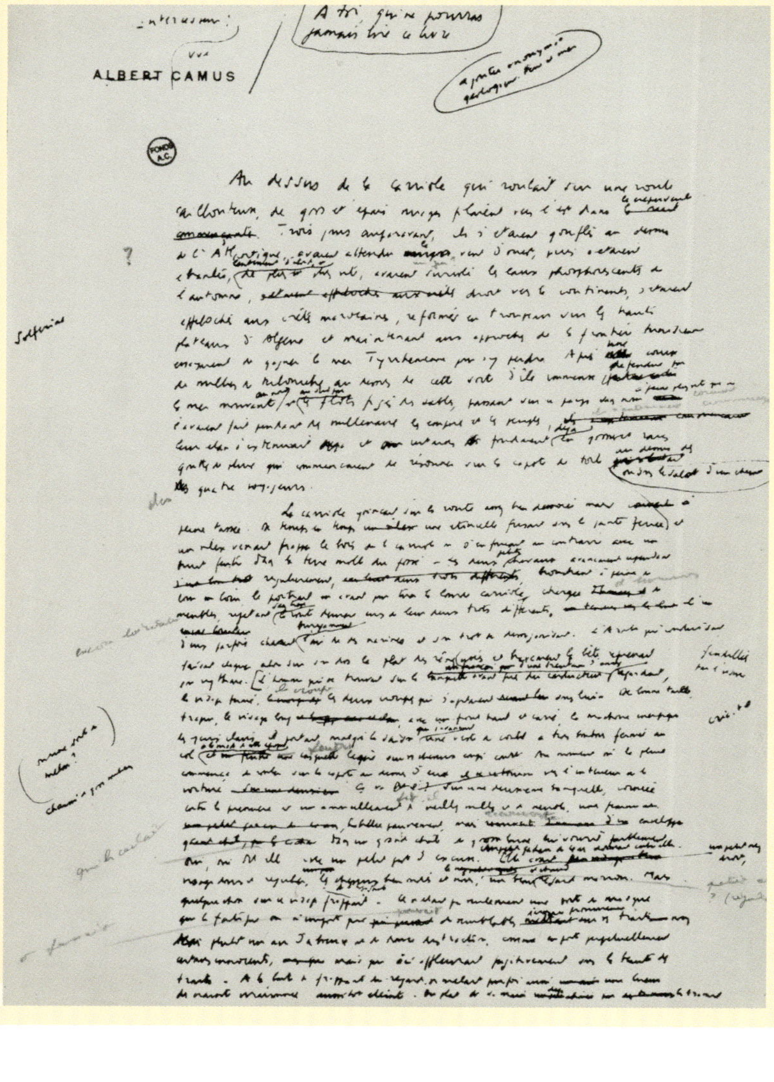
ALBERT CAMUS

1

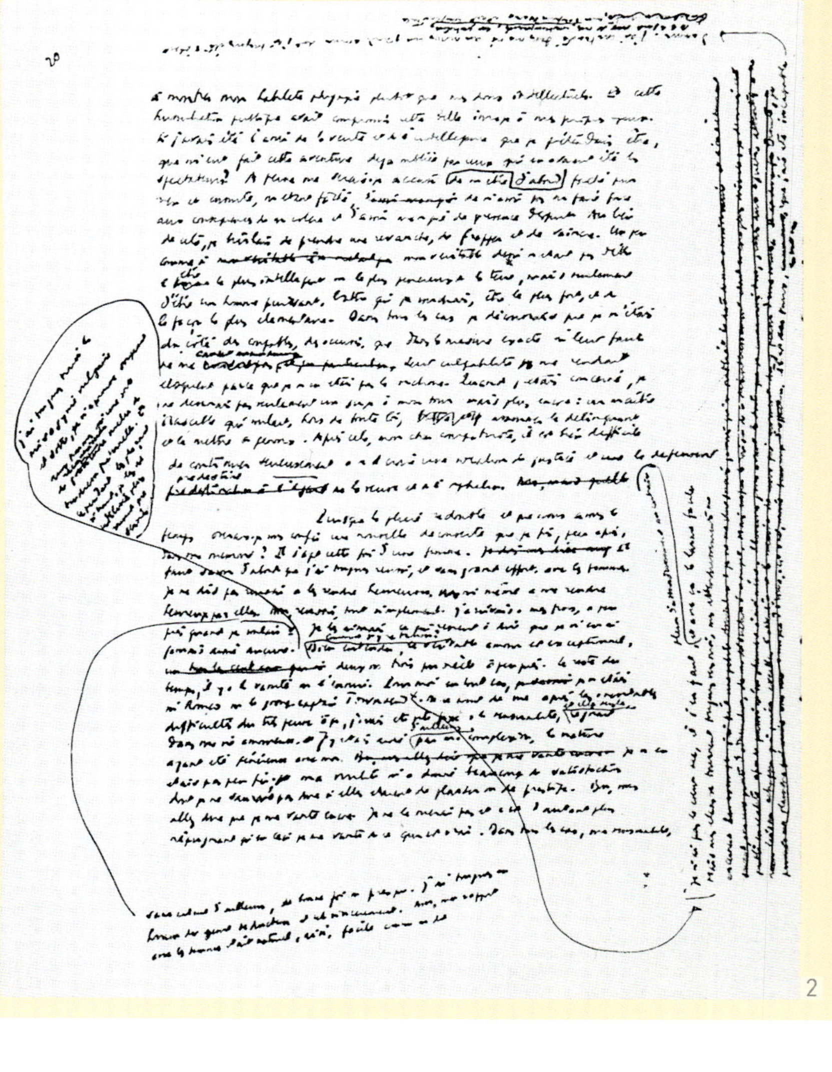

2

3

4

5

“重新工作。《第一个人》的第一部分有进展。感谢这个地方，感谢它的孤独，感谢它的美。”

《加缪笔记，1949—1959》

6

“卢尔马兰。多少年后的第一个晚上。吕贝龙山上的第一颗星，无边无际的寂静，柏树的树尖在我疲倦的内心深处颤动。一个庄重而严峻的地方——尽管它的美是震动人心的。”

《加缪笔记，1935—1948》

7

"甚至我的死也是有争议的。然而今天我最热切地希望的却是一种寂静的死，它使我所爱的人们平静。"

《加缪笔记，1949—1959》

1-1960年1月4日，米歇尔·伽利玛、阿尔贝·加缪、雅尼娜·伽利玛和她的女儿乘车前往巴黎。在约纳省居亚尔新城附近，法塞尔·维嘉驶出道路，撞上一棵树。事故要了两个男人的命。雅尼娜和她的女儿侥幸活命。

2-阿尔贝·加缪在卢尔马兰的公墓。

1

2

卢尔马兰的永恒

随着一个人离我们而去，不再有直线和被照亮的道路了。何处排解我们的情感？年轮接着年轮，如果它近了，那是为了立刻消失。有时候他的面容贴近我们的面容，只不过是产生了一道冰冷的光亮。那延长他和我们之间的幸福的日子不在任何地方，一种存在的所有部分（几乎过多）一下子散开了。我们的警觉麻痹……不过，这个消失的人站在我们心中某种坚硬的、荒芜的、本质的东西之上。我们的千年正好一起造成了一个拉长的眼皮的厚度。

我们不再和我们所爱的这个人说话了，但是这并不是沉默。他怎么了？我们知道，或我们以为知道。不过，这只是当有意义的往昔为他打开，留下了通道的时候。他在这儿与我们在一起，更远，在我们前面。

在重新克制的时刻，我们询问全部谜语的重量，痛苦突然开始了，那是同伴之间的痛苦，这一回弓箭手也不能射穿。

《卢尔马兰的永恒，勒内·夏尔》

而他，在［……］文明国度里让人感到的那种忧郁，就像一个总是颤抖的、孤独的刀片注定一下子、永远地被折断，一种纯粹的生活的激情碰上一种彻底的死亡，今天碰到了离他而去的生命、青春和存在，他无论如何不能拯救它们，只能丢给盲目的希望，多少年来，这种隐晦的力量使他超越了平常的日子，给他无尽的营养，使他面对最艰难的情势，向他提供，而且以坚持不懈的慷慨向他提供活下去的理由，平静地面对衰老和死亡的理由。

《第一个人》

阿尔贝·加缪与米歇尔·伽
利玛

“在隆冬，我终于知道，我身上有一个不可战胜的夏天。”

《夏天集·重返蒂巴萨》

## 原编者致谢

如果没有下面这些人的鼎力相助，这本纪念阿尔贝·加缪的书不可能面世：

卡特琳娜·加缪，他的女儿，她信任我们，向我们打开了她的纪念册，为这部作品的完成倾注了她全部的智慧和感情。

伊丽莎白·麦松迪厄—加缪，他的孙女，她支持我们实现这一计划。

艾克斯—普罗旺斯的阿尔贝·加缪资料中心，它的代表马塞尔·马哈瑟拉允许我们分享其中的珍宝。

伽利玛出版社及其社长安托瓦纳·伽利玛，他们同意我们使用其尊贵的作者的文字。

我们要向所有这些人表达最热忱的谢意。